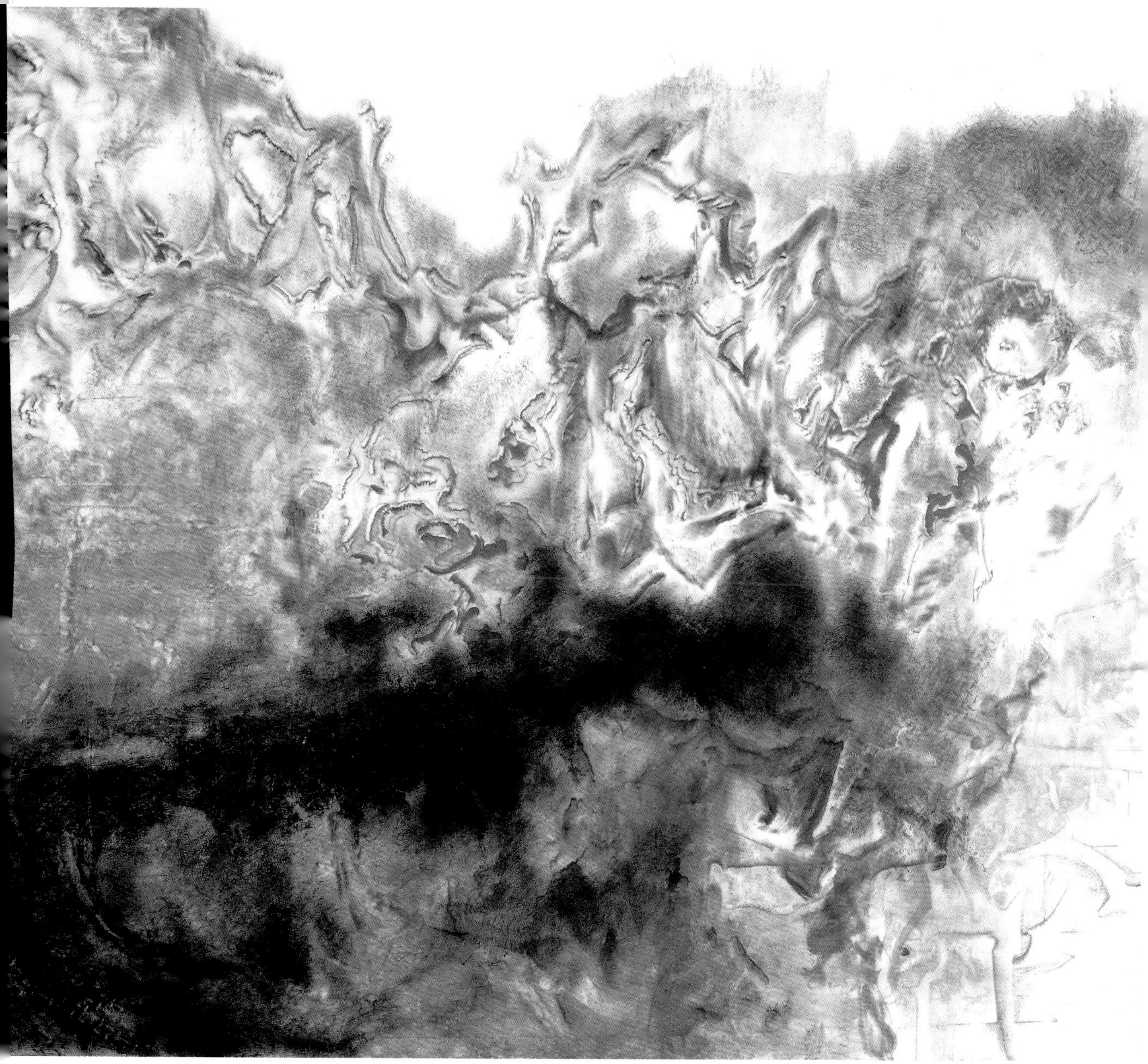

梦·三星堆　200cm×1000cm　纸本设色　2018

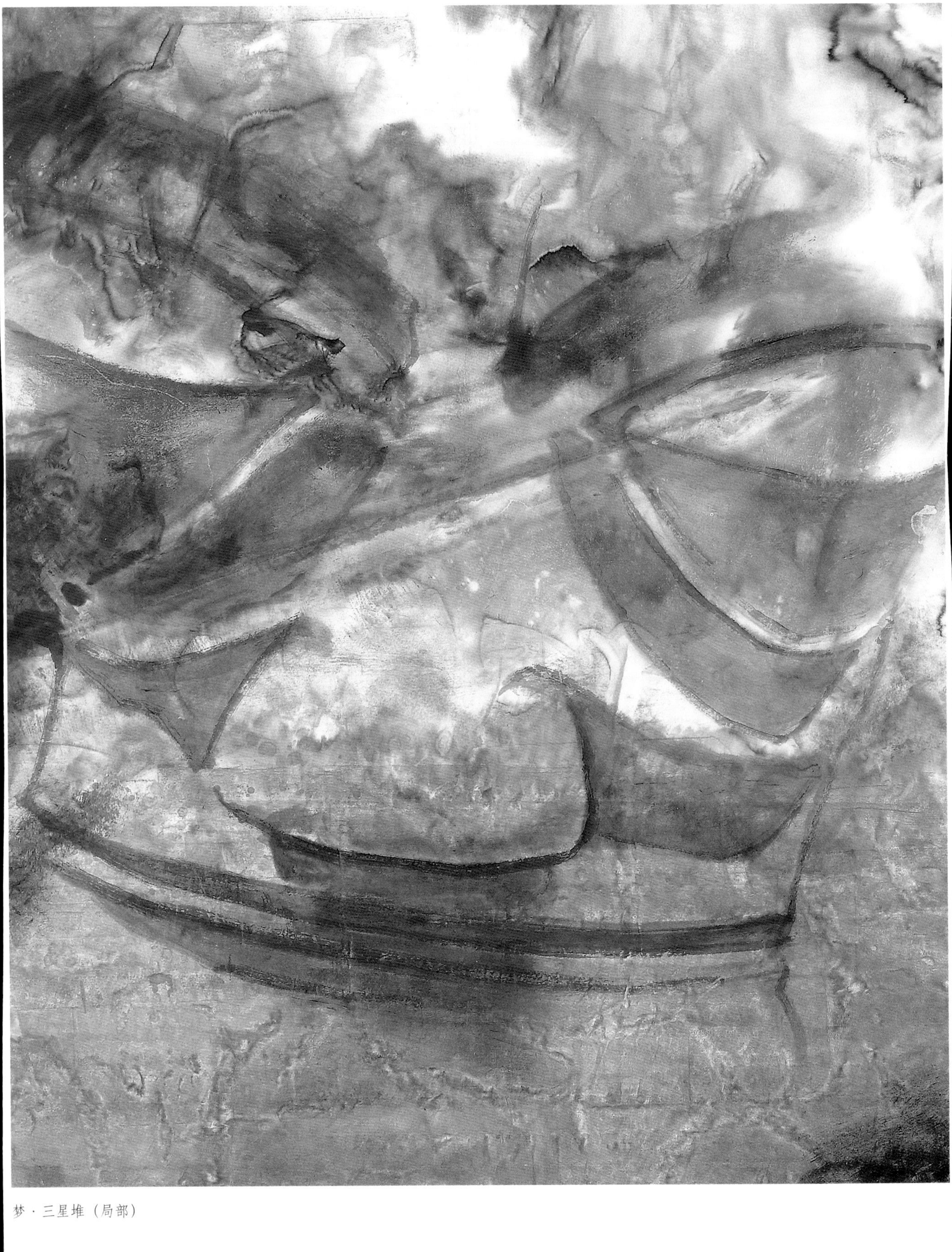

梦·三星堆（局部）

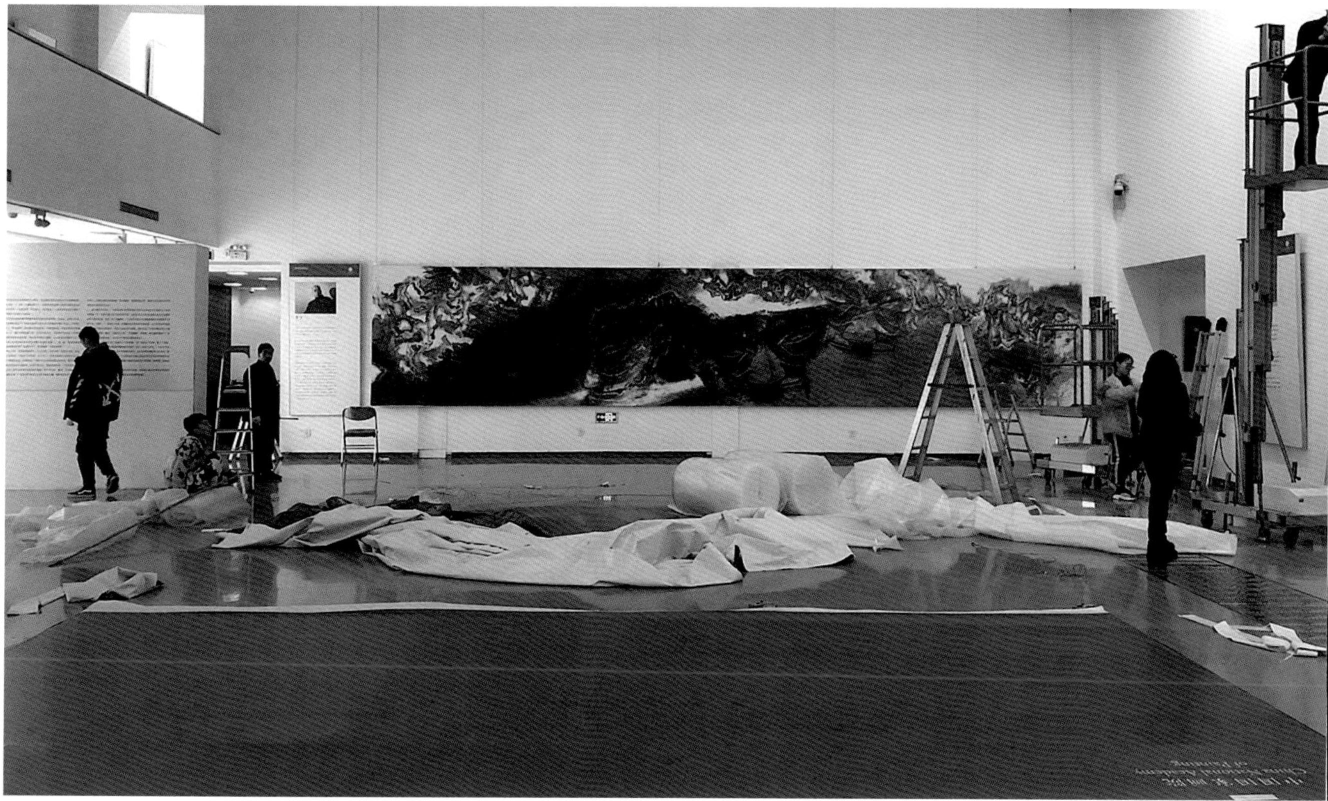

2018年《梦·三星堆》入选“新中国美术家系列·广东省国画作品展”，中国国家画院布展现场 [上]
广州画院方土工作室 [下]

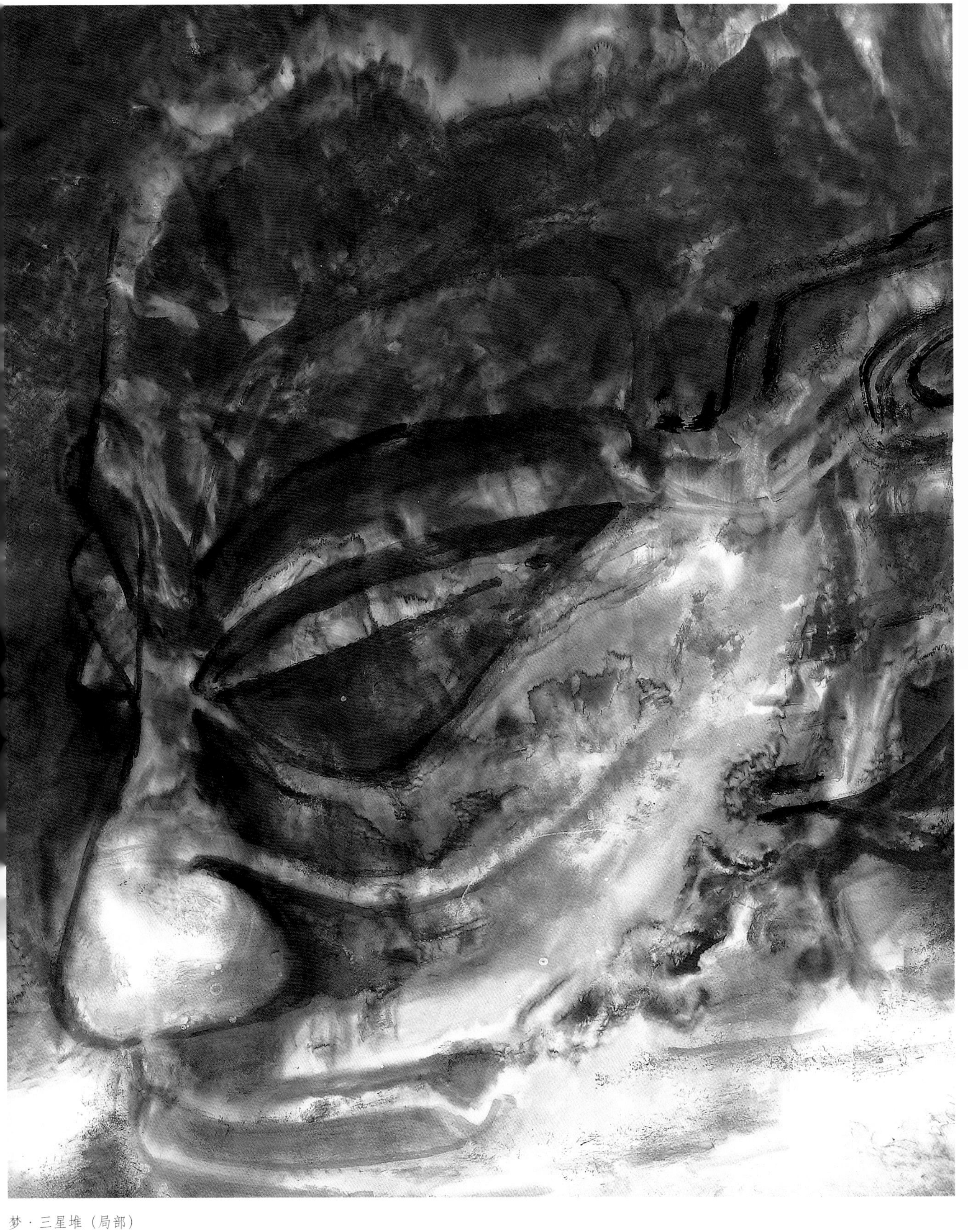

梦·三星堆（局部）

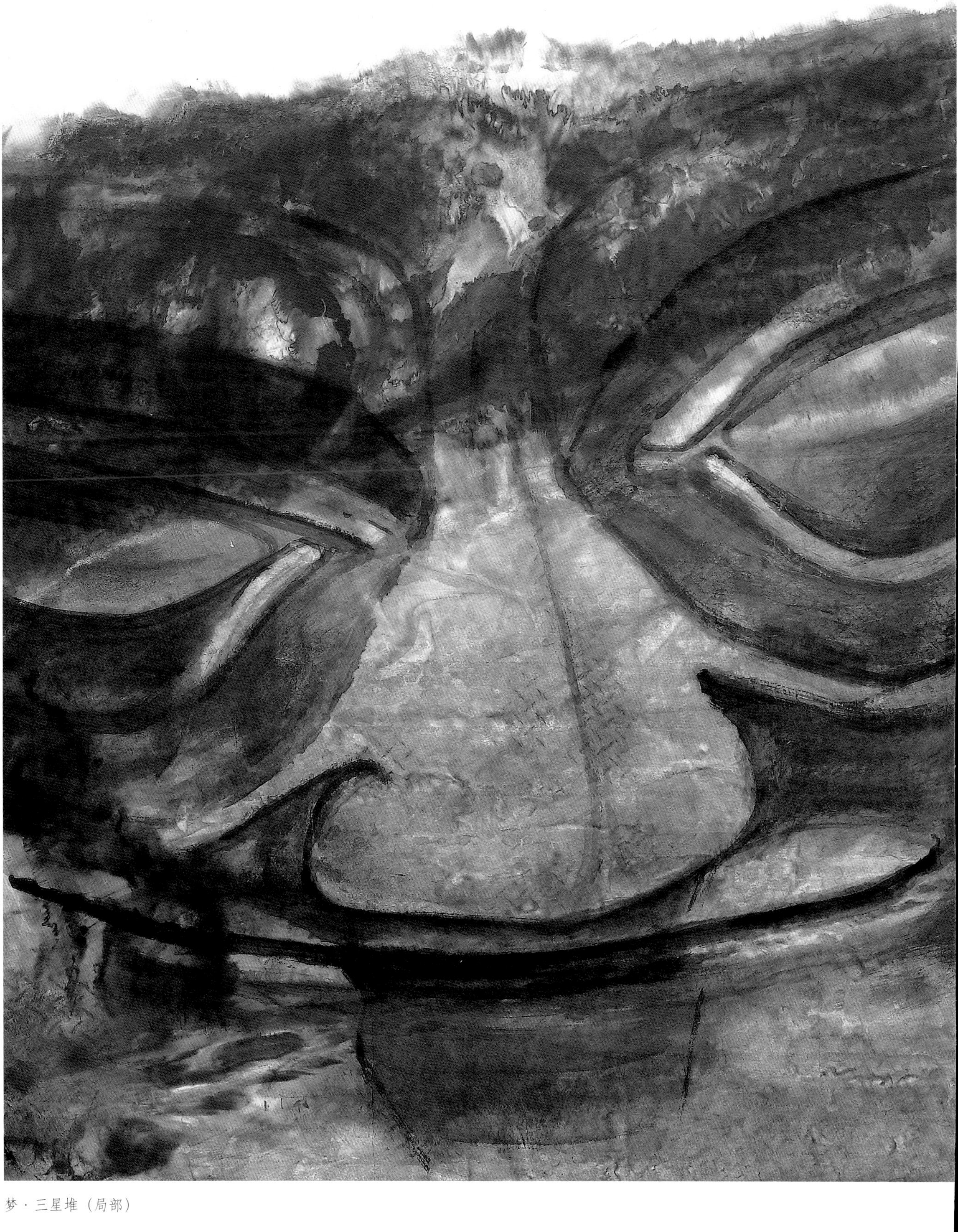

梦 · 三星堆（局部）

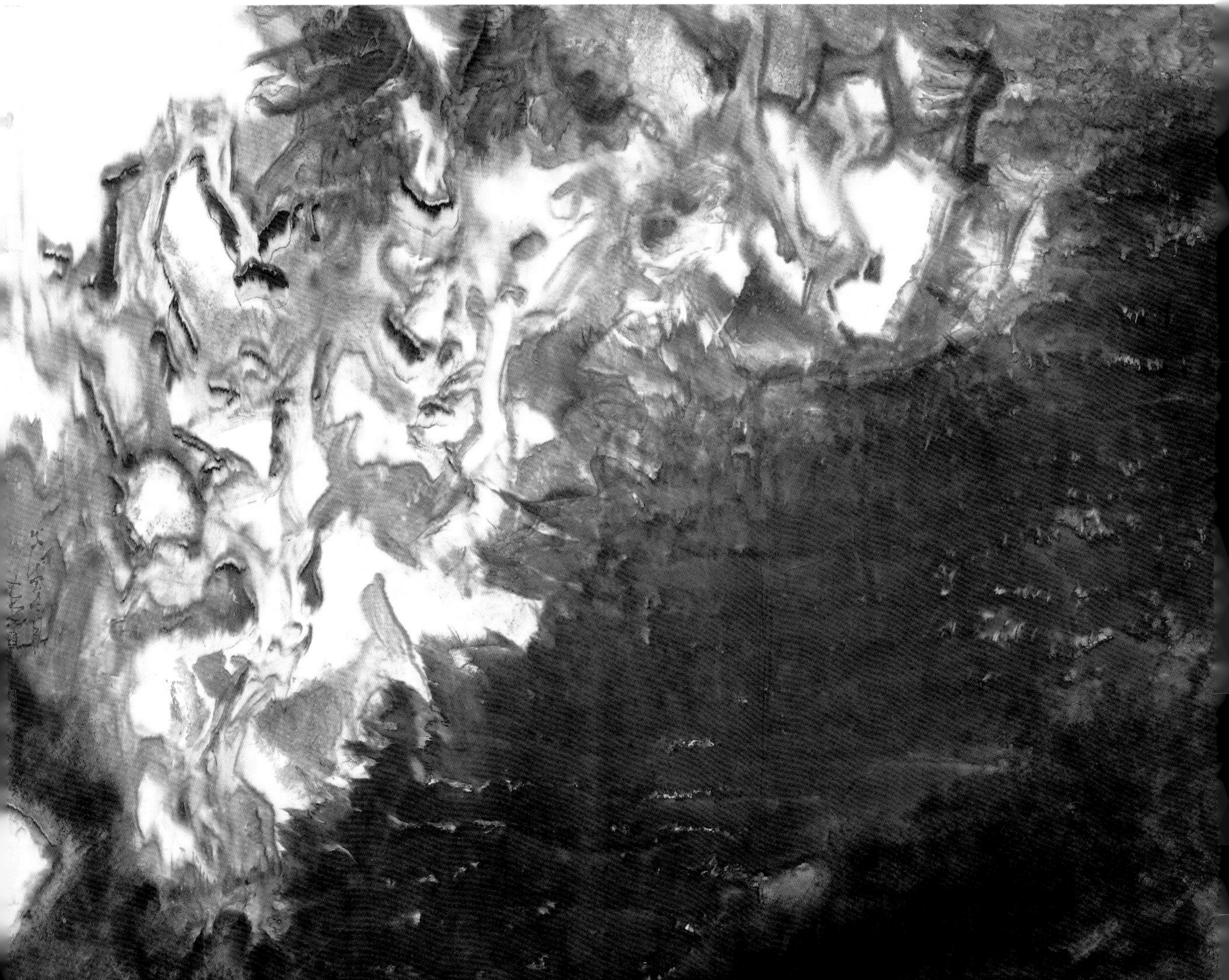

中国艺术家年鉴

YEARBOOK OF CHINESE ARTISTS

文化艺术出版社
Culture and Art Publishing House

方土卷

图书在版编目（CIP）数据

中国艺术家年鉴·方土卷/陈子游主编.—北京：
文化艺术出版社，2020.10
ISBN 978-7-5039-6674-3
Ⅰ.①中… Ⅱ.①陈… Ⅲ.①方土－人物研究
Ⅳ.①K825.72

中国版本图书馆CIP数据核字（2019）第061671号

中国艺术家年鉴·方土 卷
ZHONGGUO YISHUJIA NIANJIAN · FANGTU JUAN

监 制 画友会馆
总 编 易 英
主 编 陈子游
副 主 编 陆 虹 陈元幸子
策 划 大观书巢
责任编辑 吴士新
装帧设计 陈 旭
出版发行 文化艺术出版社
地 址 北京市东城区东四八条52号 （100700）
网 址 www.caaph.com
电子邮箱 s@caaph.com
电 话 （010）84057666（总编室） 84057667（办公室）
传 真 84057696 —— 84057699（发行部）
经 销 新华书店
印 刷 北京永诚印刷有限公司
版 次 2021年4月第1版
印 次 2021年4月第1次印刷
开 本 889毫米×1194毫米 1/16
印 张 22
图 片 360幅
字 数 80千字
书 号 ISBN 978-7-5039-6674-3
定 价 328.00元

目录

学术推荐

广州的方土是水墨阵营中的干将，以他的风格和样式，我估计他在本地不会有许多知音，很显然，水墨的问题其实是悬搁的，在我与方土当面的交谈中也郑重其事讨论过：水墨的承受力，水墨的表现力，水墨的可能性，水墨的最终边界，等等。如果不设定范围，讨论就无法进行，恰如物理学中的坐标，没有它如何来理解空间？方土有理由不顾及水墨画的理论支持，因为画家的天职是创造，是冲破预设的条条框框，理论仅仅是一种辅助的东西。

方土的长相很特别，让人过目不忘，雪亮的光头，浓黑的胡子。据说他的生活很不错——他自己讲是“借了市场经济的光”，因而食有鱼，出有车……倘若艺术家都这样就好了，当然，眼下确有许多靠画笔发财的家伙，不过那是画行画的画匠，与我们谈论的艺术无关。

——李小山

序

前一段时间有两件事让我颇有感触，一是中央电视台10套节目播出的关于中国远征军的纪录片，以中国远征军后人间的交往和他们对远征军资料收集过程为线索，其讲述让人感动。而收集这些鲜为人知的史料的难度亦是可想而知的，其中仅仅因为几幅照片，当事人就要数次远赴美国，与当时援华美军的家属和子女查实求证，搜集的过程实在不容易，因此资料成片委实弥足珍贵。历史的真相往往令后人遥不可及，重述这些鲜活的历史场景更显困难。二是通过朋友买到两本书——《碎片化的历史学——从〈年鉴〉到“新史学”》[①]和《法国史学革命：年鉴学派，1929—1989》[②]，使我了解到20世纪西方史学界年鉴学派的建立和发展历史。第一代吕西安·费弗尔和马克·布洛赫，第二代布罗代尔，第三代安德烈·比埃尔吉尔和雅克·雷维尔、弗兰索瓦·费雷等，这些年鉴学派发展过程中的主要代表人物在史学研究领域做出了伟大贡献。在该学派长达六十年的发展过程中，他们一直倡导通过跨学科合作创立新史学的研究方法，并追求建立历史心理学之目标，在他们的努力下，历史学、社会学、经济学、地理学、考古学、政治学等各学科之间的壁垒得以打破。同时通过年鉴方法研究，主张分析社会势力与个人感情（吕西安·费弗尔），提倡跨学科的思考方法（马克·布洛赫），主张开放的学术观，通过心理史、新经济史、民间文化史、象征人类学的研究来推动政治史的发展（弗兰索瓦·费雷），重建史学研究方法，打通社会史与文化史。通过重新启用、界定“集体表象”这一概念，克服社会史与文化史之间的隔阂与局限，加强对“心态工具”的研究（罗杰·夏蒂埃），这些新的研究方法和思维角度逐渐形成了年鉴学派研究的核心价值，亦使其成为世纪史学的研究主流。这使我想到面对当下、面对艺术和艺术研究，我们如何借鉴与运用前人的研究成果来审视我们所处的时代和个体生命，这是值得思索的一个课题。更重要的是，在当代，我们的记录手段已经变得立体和多元，因为我们可以毫不费力地借助录音、影像、图片等媒体让我们这个时代可以更为“全面”“多样”地保留下来。像齐白石、黄宾虹、李可染他们那个年代，留给今世的人文资料也是相当稀缺的，尤其影像资料。所以在注重个体生命、个体艺术价值的前提下，我们以事实为基础，推出《中国艺术家年鉴》系列丛书。丛书主要侧重艺术家个体艺术状态的研究，以同步研究为理念，长时间对艺术家的生活与艺术创作进行多方位的渐进投入式记录。采用语言叙述、文本整理、图片归纳、影像拍摄、学理研究、创作过程跟踪、出版推荐等手段，在不同时间和空间内感知艺术家个体生命的鲜活与本真，让艺术家的生命本体绽放光芒。主编这套系列丛书的目的就是在尊重个体价值的基础上，为我们的时代艺术在将来的历史写作上保留一些最基本的材料和有益的参考。

“年鉴”之于中国历史的叙述方式并非全无根据，编年体就是重要的历史写作方式之一，而《宋史·艺文志》更有《年鉴》一卷（已遗失）。我们可以简单地把“年鉴”看成一种编年体，在事物发展的过程中，做朴素的材料整理与记录。

当下，不同文化艺术门类的融通、碰撞显而易见，而尊重多元化和价值共同体的构建却更应互为依托。因此，在《中国艺术家年鉴》系列丛书的编辑工作中，我们会逐渐邀请一些具有不同文化和教育背景的艺术家，通过不同的艺术语言，在我们共同所处的“大时代”的定义下，以个体经验为蓝本，缔结出最为广义的文化认同。

少言多行应该是我们完成工作最有效的方式。

是为序。

陈子游

2010年12月6日

注释

①［法］弗朗索瓦·多斯：《碎片化的历史学——从〈年鉴〉到“新史学”》，马胜利译，北京大学出版社2008年版。

②［英］彼得·伯克：《法国史学革命：年鉴学派，1929—1989》，刘永华译，北京大学出版社2006年版。

代序

京城，初来乍到

文／方土

“怎么想的，都这把年纪该抱孙子了，还上调北京，图个啥？”这样对我诧异发问的，岂止一个。都是出于好意与关心，知道我在广州混得不错，小日子挺滋润，还是个头儿，在单位也没犯啥错误，还被省里评为德艺双馨和领军人才。到底是抽了哪根筋？众人不解，一时半会儿我也交待不清。俗话说“宁可当鸡头，也不作凤尾”，我却甘当逆行者，的确令人费解。

记得第一次动议我调北京，大约在十五年前，是一位德高望重的老先生，那时我刚当上广州画院院长，新官“三把火”还没烧起来，于是避而不谈。直到2016年我无意间提及，老先生又再次鼓励并写了推荐信，经中国国家画院院务会通过，此事算是正式启动。那一年，我53岁，虽谈不上踌躇满志，但心里无比激动。然而，就在上报走程序时，政策突变，先是北京严控外来人口，确保零增长，又逢文化部与国家旅游局合并，人事调动冻结。当我接到调函时，转眼三年过去。其时适好中国国家画院按巡视组意见大整改，原先说好的岗位不复存在，当初激情褪去，我是一脸茫然。离开广州时，没有喧闹的欢送宴，到了新单位报告，倒是小范围喝过一次接风酒，之后遵守中央八项规定。其实，倘若按照老规矩，不是掏钱请客的问题，就喝酒一项，恐我身体早就招架不住。不过，没了那杯小酒，又觉得少了一份人情味。

对于广州人尤其是潮汕人来说，并不看好“北漂”的人，尤其是北方的空气环境，饮食习惯。不过，行内人点赞的居多，我听到最给力的两句话，一句是“换个环境，另一种心态，也许能画出一批好画来”；另一句是“将地方粮票，换成全国粮票，影响力就不只在广东了”。

想想也是，假如说齐白石57岁不“北漂”进京，画坛可能就少了一位大师。大师此举着实为后来“北漂”者壮胆励志，且看宋庄画家村，至少有5000人以画为生，个个做着“大师”梦。明摆着，北京是中国政治文化中心，谁人不敬畏，哪个画家不是争着到京城办个展，回去好牛气冲天。

就说国家画院，设立于改革开放之初，一提李可染、黄胄、叶浅予等人的大名，无不敬佩。年轻时，我见过赖少其、关山月、黎雄才诸大师作客中国国家画院的老照片，没想到三十年后，我也侥幸跨入这道门坎，深感无比荣耀。所幸是，历经十多年的筹划，在我调入的次年即2020年，国家画院新楼建成。我赶上了分大画室的好时机，不由产生“前人种树，后人乘凉”的幸福感。

人生在世走一遭，历却一番方始终。别的不说，就我身体状况，越发觉得京城来对了。我虽在广州念书、工作与生活近四十年，自然是无比的眷恋，但南方寒气重，湿气侵人，进京前我的腿脚行走不利索，出乎意料的是在京多住些日子，湿气竟慢慢排除，现在行路比往日轻松多了。很多年前，就有占卦说北方是我的福地，那时不理会，现在不信都不行。记得初到京城是1985年寒假，我正念大四，与同学结伴专程乘火车来到中国美术馆，观看美国著名艺术家“劳申伯艺术展”（改革开放后第一个引进国外的当代艺术展），此展影响我日后走上“实验水墨”探索之路；第二次来京已相隔十年，1996年我参加在中国美术馆举行的“中国水墨现状展”，参展画家均为画坛高手，这是我作品第一次在最高美术殿堂亮相，自此算是小有名气。

昔日在京城，还有一鲜为人知的历险记——我在一个严寒的傍晚与伙伴同游颐和园，一进门，见到白雪皑皑的昆明湖，湖面结了一层厚厚的冰，我俩便迫不及待地跳下去，一步一滑，陶醉在夕照下的雪景中，不慎我踩到薄冰处，扑通掉进冰窟，外面气温只有零下10度，在冰冷刺骨的水中，只有脸露出水面不停挣扎，幸亏被瘦得像猴子的同伴及时发现，费了吃奶力连拖带拽才将我救起，此时全身已冻得发紫，脑子里浮现小学课本“罗盛教救人”那一幕……这是终生挥之不去的记忆。常言道：“大难不死，必有后福。”说来凑巧，2012年我陪友人到朝阳区北五环外看楼盘，一冲动也跟着刷了卡，购得一处当画室，好似早就为调京作准备。真是天公作美，京城旺我。

有一次京郊写生登上长城，我不禁呼喊“北京，我来了”，立刻被老友喝止，说有一牛人以此命名办个展，结果开幕式没人捧场，成了一时笑料。听说京城水深，这回可信了。无怪初到京时，有一道兄正儿八经冲我说：来了，至少先装一年孙子吧！这话似是玩笑，但不可不听。日后遇不熟面的媒体人邀约做专访，都被我谢绝，生怕言多必失。京城，初来乍道，山外有山，还是悠着点儿。

奇了，本以为进京，生活节奏会更快些，恰好相反，也许是疫情防控还在持续，我的生活空间获得前所未有的平静，竟有好心境抬头看看京城上空漫天的繁星。喜欢木心先生的一句诗：“从前的日色变得慢，车、马、邮件都慢，一生只够爱一个人。”我似乎明白这个浮躁时代，依然可以选择平静，就看自己如何找平衡，如何找乐趣。

也正如白落梅在《你若安好，便是晴天——林徽因传》中所说：“真正的平静，不是避开车马喧嚣，而是在心中修篱种菊。”这话很贴切我此刻的心境，不知受什么刺激，我莫名爱上了种花草，在广州如此，到了京城依然如故。画室里除了画画，习惯性地摆弄一下花草，沏一壶茶，慢悠悠的点点滴滴里，再放点音乐，虽说一个人呆着，却好像在与万物相伴，和京城达成了和谐。就这样，每天做着自己喜欢的事，除画画外，就是给花儿浇浇水，也正是这项看似浪费时间的事，恰恰使生命得以充实，同时又能给创作思维一个舒展的空间。

生命是一场旅行，如今行至京城，恰好卸下往日的负累，回归平淡。慢生活，品滋味，一心画画，人生幸甚!

2020年12月于中国国家画院

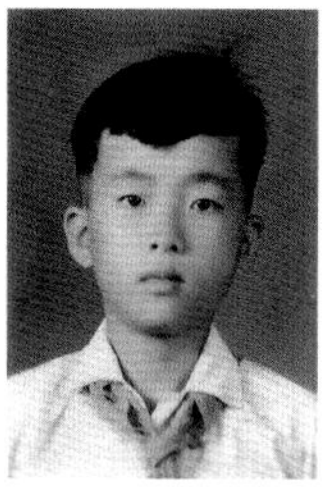

方土，1963年生于广东省惠来县。1986年毕业于广州美术学院中国画系，就职于珠江电影制片厂，从影六年。1992年调入广州画院，2019年调入中国国家画院，现居北京。

现为中国美术家协会理事、中国画艺委会委员，中国画学会常务理事，国家艺术基金专家，广东省美术家协会副主席、中国画艺委会主任，广东省中国画学会执行会长，广州国家青苗画家培育计划召集人，广东省宣传思想文化领军人才，广东省中青年德艺双馨艺术家，国家一级美术师，广州画院名誉院长，中国国家画院专职研究员。

专论一

图像式格趣与神秘性意味

文／尚辉

中国美协美术理论委员会主任、《美术》杂志社社长兼主编、博导

画家方土是当代岭南画坛中的一位代表人物，其为人大气、处事精到，不仅在艺术创作中流露出豪放与旷达，而且能够在将小幅花鸟画转化为巨幅花鸟画的画面构成中，把个人品性中的浩然神气灌输和熔铸于对物象的表现之中。

毫无疑问，方土的绘画作品是运用大写意的笔墨语言来呈现他眼中的世间万象，充分呈现这一代人对于传统绘画艺术的认知与理解。而且从某种意义上讲，方土将中国传统绘画中的山水、花鸟等物象造型局部放大的过程，实际是对整体画面的视觉样式进行再度组合与重构。当然，“方土式”的再度组合与重构并非单纯生硬地表现为线条布局的勾画，而是同步融合了水墨语言的章法与结构，从而深度彰显了中国传统笔墨的写意精神。

事实上，方土这一代的岭南画家并没有选择固守于“岭南画派”的单一传统，而是更多地结合了现当代艺术的审美架构。因此，当方土在放大中国传统绘画中的某些元素时，使得画面中自然呈现出了某种视觉感受上的新颖性和独特性，而且总是借助富有意味感和书写性的笔墨特质加以呈现。例如在方土的代表性作品《人类的朋友》（2004）中，他将一只在人类社会现代化发展进程中备受环境污染的鸟进行放大，似乎可以感觉到鸟的眼神一直注视着它们的人类朋友，由此反观和审视着整个人类家园发展至今，已然暴露出不可忽视甚至难以弥补的生态保护问题。这幅作品采用了勾、皴、点、染等多种技法相结合的语言特色，可以看出方土十分善于运用笔墨语言来呈现物象被局部放大之后的情感与性格，以及笔墨语言之间的巧妙衔接与融会贯通。

此外，方土还创作了许多一般画家难以驾驭的绘画题材，例如在表现人类文明系列的作品《梦·三星堆》（2018）中，他一方面把三星堆文化中著名的“青铜兽面像”引入画面，使得中国传统绘画不再仅仅停留于意境与诗情的抒写层面，另一方面也深刻解读了有关人类文明遗存的种种思考，从而进一步描述和表现了古代文明灿烂发展中充满想象的神秘性。也就是说，《梦·三星

堆》和《吴哥的微笑》（2020）等作品在一定程度上标志着方土的艺术创作丰富了中国传统绘画中原本不常具备的神秘性，包括在人体写生题材的系列作品中，方土也常常会流露出一种奇异的陌生性。所以说，方土的绘画作品一方面是通过物象的放大和笔墨的重组来生成一种崭新的图像结构，另一方面也巧妙地转化了现当代艺术的审美体系，因此，方土的绘画作品中始终饱含着一种图像式的格趣和神秘性的意味。

2020年于北京

专论二
时代水墨发展中的一位“标本式”人物

文／王平
中国国家画院山水画所一级美术师，《中国美术报》社长、总编辑

之所以说方土是时代水墨发展中的一位“标本式”人物，主要是因为他的绘画实践强烈体现了中国画在20世纪80年代以来的演变轨迹。他曾致力于实验水墨，一度被认为是一位前卫艺术家；他也投身现实主义类型的新中国画创作，并在各大展览中屡屡获奖；他还醉心笔墨意趣的水墨小品，地道的笔墨广受好评。此外，他还有很强的活动组织和领导能力，他组织的扶持年轻画家成长的“青苗计划”意义深远。作为广州画院院长，他的事业风生水起，被人称为“一方诸侯”；2019年，他突然放下他在广州开创的大好事业局面，在55岁这个进京限制临界点上调任中国国家画院工作。方土，就是这么不寻常，总是让人们琢磨不透。

作为实验水墨曾经的一员骁将，他以深厚的绘画能力与开阔的创作视野得到了业界的充分肯定。事实上，方土毕业于广州美术学院中国画系，正宗科班出身，专业的学院教育为其打下了扎实的创作功底，培养了艺术探索的纯粹精神。他的主题性美术创作，在全国性美术大展中屡次获奖。1994年，作品《天长地久》入选“第八届全国美展”并获得广东省美展铜奖；2004年，作品《人

类的朋友》入选“第十届全国美展”并获得优秀奖；2011年，作品《廖仲恺先生造像》入选“回望中国——纪念辛亥革命100周年综合美术作品展”并获得优秀奖（最高奖）……此外，方土也擅长创作富有笔墨意趣的写意作品。1998年，作品《梅兰竹菊》入选“首届广东省中国画展”并获得银奖；2000年，作品《新晴》获得“广东省第二届中国画展”优秀奖；2003年，作品《花卉四题》入选“首届中国北京国际美术双年展序列展·全国当代花鸟艺术大展”并获优秀奖（最高奖）；2005年，作品《梅兰竹菊》获得“首届中国写意画作品展”优秀奖（最高奖）等。

既涉猎前卫的实验水墨，也进行主题性美术创作，还坚守传统中国画。这是20世纪80年代以来方土这一代画家的共同创作境遇。在20世纪80年代之初西方现代艺术涌入国门以及“85新潮”影响的时代背景之下，他们开始尝试实验水墨艺术，即便是当时浙江美术学院（今中国美术学院）这个“传统绘画大本营”也不例外。无论主动或是被动、整体转向还是局部吸收，进行现代水墨的探索成为当时中国画创作中的重要课题。对于美术学院毕业的画家来讲，虽然在创作上经历了实验水墨的洗礼，但也始终坚持和延续着自己的追求，他们一方面是在借鉴和吸收西方现代艺术的基础上进行转向，另一方面也思考着中国画未来的发展方向。而进入90年代以后，在“弘扬主旋律，提倡多样化”的文艺政策影响下，供职于画院和美院的体制内画家出于工作需要大多都有进行主题性美术创作，现实主义的创作方法依然在延续，艺术家在宏大叙事中表达自己的家国情怀。方土也是如此，从他获奖的情况可以看到他在主题性美术创作中倾注了大量的时间和热情，并以精湛的创作能力取得了骄人的成绩。

西方现代艺术是20世纪中国传统绘画发现自身问题和提供解决方案的重要参考体系，所以中国画不断地向西方现代艺术“取经”，目的还是为了谋求中国传统绘画的变革与创新。就方土来说，无论是主题性美术创作，还是追求笔墨意趣的写意题材，曾经的实验水墨经历都在他的绘画作品中隐约地体现出来，而且随着时间的推移，这种经历和思考成为其艺术创作能够走向更加宽阔和自由领域的关键因素。特别是在大写意花鸟画和山水画写生中，他更为注重个人的情趣流露，融入的实验水墨元素，更为画面平添了一些现代性因素，相比传统文人画更具自我个性。当然，如果推而广之，方土的创作风格也反映着这一代画家的普遍状态，只是在某些画家的艺术生涯中属于阶段性的创作状态，例如转向传统绘画之后就没有再延续实验水墨，或是某些专注于主题性美术创作的画家，仅仅利用业余时间去创作少量的传统文人画和实验水墨绘画，他们会根据自己的实际情况走向宽窄各异的创作路径。而方土则是将这几种创作路径进行了全面均衡地交叉式发展，并都取得了骄人的成绩，体现了一位画家在专业创作与自我调节之间的尺度把控以及当代大多数中国画家的“立体”创作生态。

如今有些画家长于某类创作，就否定了现代美术学院的教学与培养，事实上，“学院派”画家的综合能力更强，只是他们从不甘心偏安一隅。尤其是类似于方土这样的艺术家，在他们的创作历程中，既选择了专业上的深入，理所应当地创作出许多经典的主题创作作品，也流露着个人的兴趣爱好，除了实验水墨的探索，还在写意花鸟画和山水画中彰显着文人意味和个性所在。因此，方土之所以能够驰名于画坛，正是因为他很好地解决了当代画家群体中普遍存在的问题。例如在中国传统文人画的创作体系中，往往要求画家具有颇高的见识与修养，并且最终强调画面的格调、精神与境界。形象看起来新潮前卫的方土，生活中却是一位喜欢家具、玉器等独具中国传统文化底蕴器物的收藏家，源于对传统文化的真挚热爱与心灵对接成就了他的综合修养。尽管许多从事现代艺术的画家会排斥中国传统文化，甚至认定其为保守和落后的象征，而方土非常亲近传统，这也是其文人绘画得以成功的一个重要内因。换言之，方土的绘画作品虽然具有传统的一面，但又显现着现代的意识形态，形成了一种新派的文人画。例如他笔下的花卉造型和没骨色彩，不仅在气韵格调上对接着传统绘画的审美体系，讲求用色典雅、艳而不俗，传递着写意画的内在核心精神，水墨淋漓之间充盈着一股淡雅、灵动、清新的气息，而且在整体面貌上注重构成样式和视觉效果上的现代感受，在传统与现代之间找到了一个完美的结合点，由此博得了大家的青睐与好评。

按照常规的理论来讲，“岭南画派”的色彩表现普遍较为浓烈，而作为从“岭南画派”中走出来的代表性艺术家，方土的绘画风格却更多地承继了文人画的传统，从而与“岭南画派”的艺术面貌拉开了一定距离。总而言之，在方土身上既凝结着广东人敢于闯荡和尝试的改革精神，也在骨子里坚守着中国传统文人画的核心精神与内在意蕴。他以自己宽阔的创作领域与个性化语言，成为中国当代水墨绘画发展中的一位“标本式”人物。

2020年于北京

专论三

源于禅意与哲思的当代探索

文／于洋

中央美术学院教授、中国画学研究部主任、国家主题性美术创作研究中心副主任

在20世纪中国画的现代化进程中，如何以传统绘画的写意性笔墨来呈现当代都市生活题材，如何由此展开对画学本体语言和图式结构的深挖与拓展，成为摆在当代中国画家面前亟待解决的重要课题之一。在这中间，能够通悟传统笔墨并在其现代化转型的方法和路径上做出多样思考和深入研究的画家为数不多，生于20世纪60年代初期的画家方土，是其中一位具有承上启下意义的代表性艺术家。

在诸多表现题材的绘画作品中，方土给予我们印象最深的是大写意花鸟画，及其逸墨撇脱的用笔和纵横肆恣的墨法。他以写意性的笔质放松了传统笔墨程式的格局，同时在运笔敷色和诗文题跋中自成一格。当我们近距离端赏方土的写意花卉作品时，可以看到他对泼墨大写意笔墨融会贯通的理解，倘若对比明人“青藤白阳”的写意风格，方土在形与神的张弛之间更为放逸，在笔意与画理的追求上更加超脱。尤其是在表现兰草、藤蔓、瓜果等物象的小尺幅花鸟画作品中，不仅把写意性笔墨升华至足以解脱绳束的自由境地，而且暗合了禅意绘画语言的“狂禅风”，乃至从其“心影”“散物”等系列作品的命名寓涵之间，都可以看到方土对于日常生活中蔓延而生的禅意的追寻。

在近年来的新作中，方土一方面把岭南画派中氤氲的笔墨风格和光影的视觉体验融入画面，另一方面将主要的研究精力和探索实践投放在兼具叙事性和场境感的人物绘画之中，既找到了自己的独特视角和观察方法，也形成了与众不同的风格面貌。因此，在方土的人物画探索中，无论是致力于强化飞白笔质肌理的“水墨人体”系列，通过“计白当黑”的表现性图式创立宏观的格局和视角，还是在“军娃故事”系列和“乡村人物”系列等主题性人物画创作中，都充分发挥了水墨载体的水性本质及其视觉张力，既融入了文学叙事的戏剧性表达，也解决了当代主题性人物画创作中常常缺失人情意味的难题。例如方土在塑造“军娃”形象时，选择使用山水、花鸟画的顿挫笔质来凸显岁月变迁的

沧桑感和沉重感；再如在作品《战狼》（2017）中，他把主体人物形象放置于水墨暗影之中，更加有力地强调和渲染了千钧一发的沙场气氛。因此，方土人物绘画的笔墨技法在本质上源自他对大写意绘画的深入研究，我们也可以由此感知他是如何将源于禅意与哲思的终极人文关怀和立足时代温情的近距离表达，一同融会到自己的创作中。

方土的写意人体绘画之所以别具特色，是因为他将人体造型当作太湖山石或树木枝干等具有特殊肌理特征和视觉体验的物象加以塑造和表现，因此方土笔下的人体形象既具有山石树干一般的坚硬与粗砺，也渗入了雕塑艺术的视觉质感和体量感。而追溯此种风格的来源，可知其与方土早年在珠江电影制片厂的六年工作经历密切相关，尽管表面来看这是一段跨界的从业经验，但实际却是方土对于光影塑造和物象表现的深厚积累过程，这一经验不仅悄无声息地融合在其笔墨抒写的节奏之中，更由此产生了质的飞跃，使作品形成了一种强烈皴擦和黑白对比的力量感。

从方土20世纪90年代创作的焦墨人体作品中，可以看到西方现代派艺术对他的影响，如俄裔美籍画家尼古拉·费钦在素描作品中的肌理塑造和黑白对照，直接影响了方土绘画风格的建构与转换。而随着方土水墨人体绘画实验的持续推进，由其近年来的作品来看，他把一些类似于涂鸦的数字或字母符号融入水墨人体的写生和创作中，而这些符号既象征着牢笼对于个体肉身的桎梏和束缚，同时也蕴含着人类面对物质欲望的挣扎和反抗，不仅体现了方土对于生死、欲望和社会的深沉反思，更彰显了他在表现技法上的独特智慧。

借同样的观察视角来欣赏方土的现代都市生活题材和古代高士人物画创作，则可发现方土的另一面性情品格。例如他在2010年以后创作的表现古代文人醉态和童子逸趣的系列作品，反而更接近于20世纪90年代崛起的新文人画风格。甚至可以看到，方土是将早年在大写意花鸟画中的笔意融入水墨人物的抒写之中，其笔下的戏曲人物、钟馗罗汉等形象均带有这种特点。方土在高士题材的绘画作品中，没有追求内容上叙事性或戏剧性，而是有意识地去把控面貌形态与笔墨意趣之间的关联，继而形成了具有戏墨性和谐谑感的都市文化味道，也使得人物的思想和情感更加真实、生动和鲜活。因此，无论是主题性人物绘画创作和“水墨人体”系列，还是现代都市生活题材和古代高士人物画创作，都共同凸显出方土作为表现性水墨画家对于时代、都市和社会的反思与观照。

此外，方土在近期创作的花鸟画和山水画中也呈现出一种逸态审美，从逆向思维出发将山水和花鸟都作为人物去描绘。例如在山水绘画中经常出现人物或乡村作为点景，以及在一些欧洲题材的写生作品中，均融入了人境的生机与活力。这些都显现出方土不固守于传统的画学理法，往往以放松而敏锐的视角去捕捉、把握、表现对象的神态与气息，这也正是当代写意人物画家身上至为珍贵和难得的素质。

作为一位从广州画院辗转北上到中国国家画院的艺术家，方土始终试图以一种更为自由的表现性图式和创新性视角来抒写自身对于时代的理解，因此其笔下的人物都是“大写”的形象，显现了当代画家对于传统写意笔质的崭新体悟，同时在如何汲取传统、承继传统以及衔接时代脉搏的课题上，以实际行动做出了必要而有益的探索。

2020年于北京

阵中叫阵

（实验水墨）

2005年自拍照《对视》

延伸　145cm×180cm　纸本设色　1997

天方　240cm×120cm　纸本设色　1997

阵中方土

文／李小山

在《阵中叫阵》专栏内，我每次都邀请一位水墨画家加盟，为什么叫水墨画而不叫中国画，我的想法是为避免口实纠纷，在概念上绕来绕去，这方面我是心有余悸的。水墨画在当代仍是受人重视的话题，作为民族和本土的艺术遗产，它承担了不少画家振兴民族艺术的梦想，同时也是最显著的“身份”的体现。20世纪90年代以后，水墨画创作的总体趋势似乎是向上的，一批中青年画家凭他们的实力浮出水面，在公众的印象中他们已经获取了重要的席位。

广州的方土是水墨阵营中的干将，以他的风格和样式，我估计他在本地不会有许多知音，很显然，水墨的问题其实是悬搁的，在我与方土当面的交谈中也郑重其事讨论过：水墨的承受力，水墨的表现力，水墨的可能性，水墨的最终边界，等等。如果不设定范围，讨论就无法进行，恰如物理学中的坐标，没有它如何来理解空间？方土有理由不顾及水墨画的理论支持，因为画家的天职是创造，是冲破预设的条条框框，理论仅仅是一种辅助的东西。

我有理由指出这样一点，理论实际上是创造的一部分，尤其是当一个画种高度成熟之后，感情方面其实大大降低了，而理性方面却在起垄断的作用……我看到，几乎所有的水墨画家都比较理性化，目的、手法、制作和效果都有明显的设计痕迹，尽管在画面上表现出的状态是非理性的、随意的和率性的，这只是现象，本质是被“理性”地隐藏起来的……方土没有逃脱，也逃脱不了，当代水墨画家的命运是先天注定的。这就是为什么米开朗基罗只能出现在文艺复兴时期，毕加索只能产生在20世纪，历史次序说明“规律”是无法违背的。

方土讲不清自己今后会怎样，但是，变化是肯定的。他目前采取的是一种较

1988年在“第28回·星河展——方健群画展”上，左起：何展东、黄一瀚、方土、张弘、陈侗、周湧、李劲堃、李伟铭、孙小波［左］
1997年右起：龙瑞、王彦萍、阎秉会、范扬、周京新、武艺、方土等［中］
2001年左起：方土、李小山、李伟铭、邵戈［右］

为简单的抽象的手法，一定程度上，也是很多水墨画家的“集体无意识”的体现。抽象主义与中国传统写意画有天然的因缘，有许多方面的暗合，因此两者的结合毫不费力，我的意思是，水墨画走向抽象，只要跨出小小一步就行，水墨的材料（宣纸、墨汁、毛笔之类）特别能够把肌理、黑白对比、朦胧感觉表现得淋漓尽致……方土后来加进了具象因素，以此拉开与别人的距离……

方土的长相很特别，让人过目不忘，雪亮的光头，浓黑的胡子。据说他的生活很不错——他自己讲是“借了市场经济的光”，因而食有鱼，出有车……倘若艺术家都这样就好了，当然，眼下确有许多靠画笔发财的家伙，不过那是画行画的画匠，与我们谈论的艺术无关。

2000年10月于金陵

天方　240cm×120cm　纸本设色　1997

天方 240cm×120cm 纸本设色 1997

心事浩茫连广宇

——关于方土

文／殷双喜

与方土不熟。

这不仅是因为他身处岭南，我蛰居京华，也因为我们很少有机会静下心来就中国水墨画的事情深谈。但在有限的几次广州之行中，读方土的画，看他的画室，喝他泡的工夫茶，听他聊正在谋划中的有关水墨的活动，感受到他对中国传统文化和水墨艺术有着非同寻常的热爱与执着。

于是成为朋友。

读方土的画有些困难，因为他的画无论从政治内容或是从市场角度来看，都不是那么鲜明。但不能断言方土画画没有想法。读他的画，总有一些难以言说的感受在其中，这与广州的煲汤有些相似，我知道那汤好喝，里面有营养，但我说不出是用什么东西熬出来的。方土的画似乎不能过于理性地理解，而是要直观地去感受，因为那是艺术家相当主观化的自由的心灵流露。用“心事浩茫连广宇”这句话概括方土，不是说他“胸怀祖国，放眼世界”“忧国忧民”，而是说方土的画不是那种拘泥于身家琐事和闲情逸趣的东西，在方土不乏自信地对水墨画的言谈中，其实有着对中国水墨在现代社会的身份、处境和前景的焦虑与思考。方土近10年来的艺术活动，都和当代中国实验水墨艺术的变革发展相关联，用杨小彦的话说：“方土的努力可以概括为试图守住水墨的边界同时使其真正进入当代。”

这真是一个十分难为的课题。与20世纪80年代的“中国画危机论”不同，90年代中后期对“实验水墨”（也有叫“现代水墨”的）的批评，来自艺术批评界的内部，一种看法认为“实验水墨”是“形式主义”的探索，并没有很大的艺术史意义；另一种接近虚无主义的看法是现代水墨自身已不具有太多的独立意义，它的发展可能性就在于将自身融化在诸如“装置”这类当代艺术的样式中，成为其中的媒介之一。很显然，实验水墨的立身之道就在于一方面它要展开自身的艺

1993年在托裱作品前

术语言探索，形成有说服力的与传统水墨不同的话语体系；另一方面，它不能外在于中国社会现代化的进程，与当代人的精神文化生活毫无关系，也就是方土在1996年时所提到的“艺术的形式观念已经在淡化，而以表现当代文化精神为主体的价值取向”。由此，方土的努力就在于将自己的情感融入“水墨”的精神构架并置身于“水墨”的自在状态之中。如此，既不为技法所累，也不为前人的样式所累，在个人的水墨语境中体现自我价值与自由抉择的观念。

这样，我们看到方土对现代水墨的观念，首先是一种“墨象”与“心象”相呼应的忠实于个体感受的潜意识的图式。在图式的内心孕育与画面生长过程中，具有相当大的随机性，对“形”的认识和塑造服从于自我意识的流变与笔墨在画面上的生发，这一生发过程在某些时候具有下意识甚至无意识的自动性，它与水墨材质的敏感性及流动性有着几乎同步的互动关系，而个人的形式敏感与文化修养也在其中发挥着作用，即对画面形式结构的控制与画品格调的把握。

方土艺术创造中的另一个特点是对“文化符号”从视觉角度加以提炼与组合，使之在作品中成为传达个体情感与内心视像的形式载体，当符号由于抽象化的提炼而逐渐简化和减弱其固有的社会文化内涵时，其所表述的个人观念的概括则获得了更为广阔的“心理空间”。我们可以从八大山人画中白眼观世的鱼、鸟和独特的个人签名方式中感受到符号性也即抽象化，对于作品表现力所具有的增强与放大的功能。方土早期是以一位花鸟画家登上画坛的，他对于八大山人、吴昌硕等人在画面的构图与符号的提炼与处理方式是十分熟悉的，已有论者指出方土作品中的“大”“重”“奇”等特点。在90年代初期创作的《天地氤氲系列》

天方 240cm×120cm 纸本设色 1997

天方 240cm×120cm 纸本设色 1997

2001年参加长沙“中国感觉艺术展”，
左起：王天德、武艺、方土、刘庆和、邵戈

中，吴昌硕的笔墨分量和构图气势，隐约可见。他所寻求的，是朦胧、混沌、奇诡甚至瑰丽的“大世界”“大宇宙”，作品中的神秘、紧张、不安、焦虑，都具有一种随时处于变动边缘，即将发生转化的不稳定状态。1996年创作并展出的《天大地大系列》，就具有这种稳定中蕴藏着动感的符号排列，画面上类似足球的圆形符号与八卦符号式的条形排列，处在十分不稳定的运动状态。当然，这些都是画家画面上所创造的“虚拟空间”，但这种“虚拟空间”所具有的某种“宗教感”，更接近于东方式的自然崇拜。可以看出，画家想将画面上的紧张与运动，引向老庄式的永恒宁静，这使得方土的作品具有超越日常世俗生活的“宇宙流”特征。

方土的艺术表现技巧并无固定的“成法”，更多地来自他对传统水墨媒体和笔墨趣味的直觉把握。他对画面气韵的独特把握，突出作品的气势与视觉强度，来自他对于视觉媒介的“材料自觉”。早期作品中对于花卉形态的提炼逐渐地为圆形等自然界中最基本的抽象形态所取代，在他1999年的新作《CD系列》中，方土终于不满足于平面上的水墨运用，而将CD光盘的实物拼贴引入画面，从而以物质化的方式，直接切入了当代社会日益物质化与信息化的现象之林，光盘作为商业化、信息传播与流行的符号之花，在方土的作品中完成了从虚拟平面转向现实物质立体化过程，早期作品中奇诡的构形与凝重的水墨表现转向更为自由的空间物体的漂浮。文化载体的流行性与廉价消费品的工业化生产与传统水墨画所代表的精英文化，产生了令人困惑的不和谐感，正如李伟铭所指出：“方土在富于东

离方遁圆　240cm×184cm　纸本设色　1995

方古典意味的水墨氛围中楔入坚硬方直的视觉符号，使表面上看来不和谐的视觉因素在对立共存的多元空间中暗示了两种文化的冲突及其形式张力。”

早在1993年，方土在商品经济发达的广州，就已看到都市文明所带来的人与自然的疏离，他意识到自己不可能逃避都市化给予个体心灵的异化与扭曲，他所能做的，就是通过宣纸上的笔墨实验表现自己的焦灼与思考。方土在20世纪90年代的不断变化的创作中希冀达到一种主体自由表达的境界，“以奇诡、虚幻、沉重、梦一般的意象去心仪自然，传达一种悠远、澄澈景观，画面是茫然的，又是清晰的，它们是心理空间的意象，又是自然界客观的回应。”我想，这种实际上只存在于心理空间的意象，反而能更真实地传达出方土内心的真实感受，在这一意义上说，方土以非常个人化的方式完成了信息时代和广告时代对自我灵魂的拯救。

延伸　180cm×145cm　纸本设色　1997 [右页图]

水墨画中的边界情结

——从方土的抽象水墨画谈起

文／杨小彦

水墨画中的边界情结，产生在这样一个特殊的情境中，即水墨画作为一个传统的画种受到了日益强烈的来自外部的挑战，固守这个边界无异于维护水墨画的存在。总的来说，这种情境本身来自两方面的压力：一是那些不安于现状的青年水墨画家试图从水墨的角度去认同外来影响；二是水墨画领域中对传统的不间断的反拨。这两种压力其实与近现代西方文化的入侵有关。首先，在西方文化的强烈冲击下，作为传统表征之一的水墨画已经很难固守自己的领地了，“变”似乎成为一种时代的要求，而“不变”则容易引致攻击，引致指责。虽然在现当代还是出现了足以使国人自豪的所谓文人画“四大家”（吴昌硕 黄宾虹 齐白石 潘天寿——郎绍君语），但仍然无法阻止革新的要求和无法平息骚动的浪潮。原因显然是水墨画这一形式不容易适应社会突飞猛进的发展，自身的领地在外来绘画的挤迫下日益减少；此外，审美情境发生了巨大变化也是一个不能忽视的因素，使欣赏趣味出现了传统意志所无法左右的逆转。连那些高度评价“四大家”的人们也明白指出他们可能是文人画传统的最后大家，很难想象以后还会有什么人能够在这个领域超过他们。依我看来，这种论调正是在高昂的评价背后潜藏着的一种悲观情绪的必然结论。

进入现当代以来，水墨画的发展至少出现过几次大的革新，一次发生在20世纪20年代和稍后，以岭南“二高一陈”为发端，提倡改革旧国画，用西法（其实是日本的画法或经日本消化过的西法）融入国画当中，强调写生的作用，强调题材上的开拓。稍后则以徐悲鸿、蒋兆和为首的改革，主要集中在国画人物上。这个改革一直延续到五六十乃至七八十年代，在人物画领域取得了很大的成绩。几乎同时还有林风眠的“彩墨画”方案。

1949年以后，由于新的意识形态原因，在山水画方面有了一个新的发展。以表

散物 68cm×68cm 纸本水墨 1992

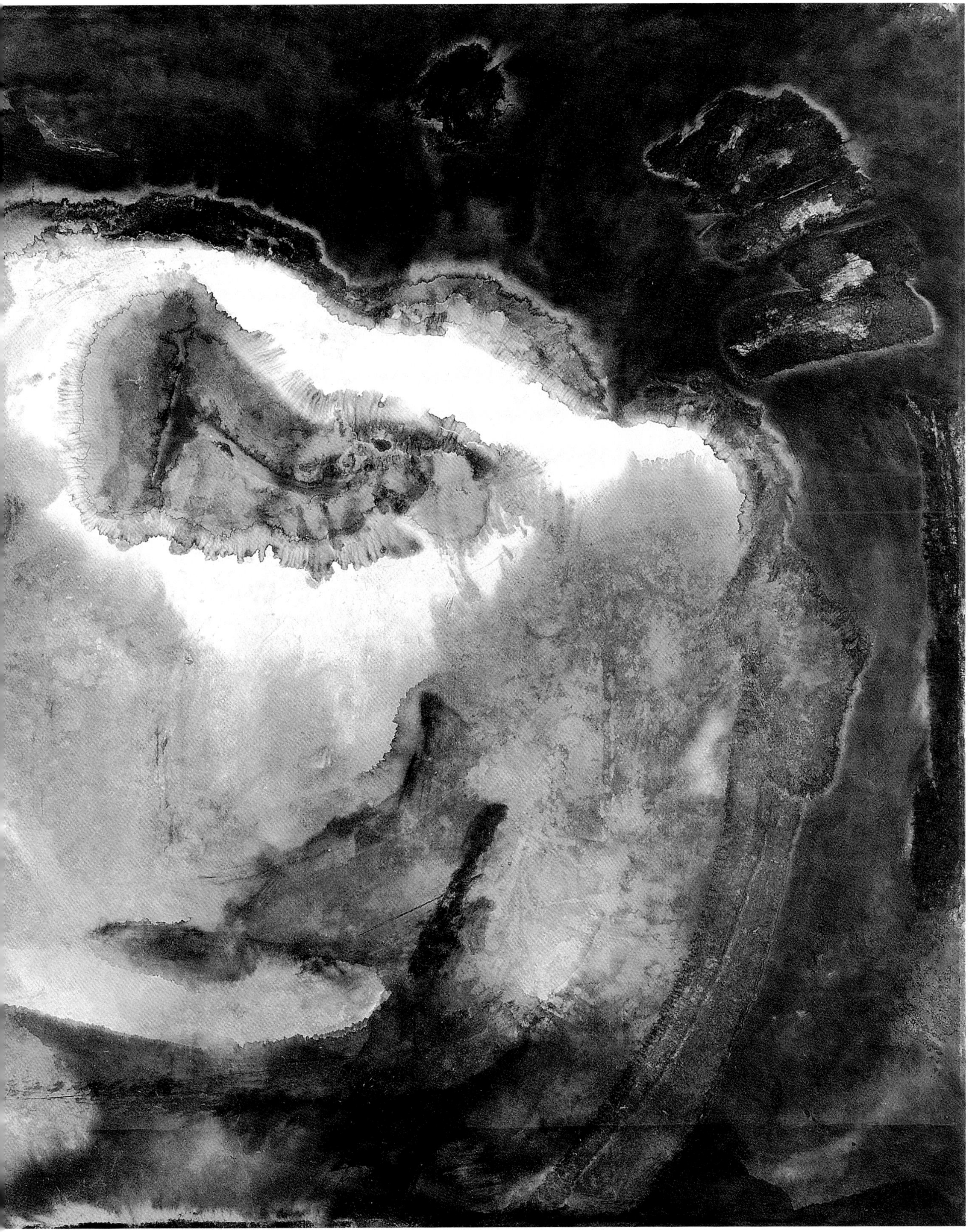

郭润文　方土画像　45cm×34cm　布面油画　2015

现新山新水为风格表征的新山水画，不管后人如何评价其中的成败得失，对于传统山水画来说都是一个值得重视的变化。“文革”以后，在新的形势下，水墨画发展取得了前所未有的良好局面，但同时也不可避免地陷入一个不知所从的环境当中。首先，国画人物画中的徐派路线迅速衰落，新一代的人物画家重新强调陈洪绶以来的传统，强调要回到一种以趣味为主的风格上来。林风眠由于活了下来，更由于他那令人扼腕的遭遇和持之以恒的独特风格，使他在恢复名誉的同时，更确立了他在当代绘画界的崇高地位。但彩墨画的发展却差强人意，除了林本人的画以外，难以给予更好的评价。“文革”前的新山水画，出于同样的意识形态原因被弃于一边。本来，如果没有什么别的干扰，水墨画领域是完全可以在可控的限度内去自由发展的，风格多样而又不失脱轨越线。可“八五”美术运动的兴起，给美术界注入了不同于以往的活跃因素。于是，在传统的水墨画当中，日益强烈地突起了一支新生力量，这支力量在“实验水墨”的号召下，变本加厉地玩起了令传统无法想象和无法忍受的游戏来。我姑且把这次变数称之为水墨画的又一次革新。

　　应该清楚的是，所谓“实验水墨”只是一个粗略的概括，在“实验水墨”的旗帜下，集合着几种完全不同的风格与样式，其中，抽象样式是颇令人瞩目的一个方面。其实，笔者开篇所说的造成水墨边界情结的两种压力，说到底也是实验水墨当中抽象风格产生的前提。比较于其他风格的实验水墨而言，抽象水墨更把力量集中在形式上，集中在对所谓传统的笔墨的突破上。在这方面，我以为方土的探索具有丰厚的含义。在这里，我想把方土与另外两个从事抽象水墨的画家刘子建、石果作一个简略的比较，以便从中发现各自的价值与问题。

我始终觉得刘子建与石果代表着抽象实验的两个不同的方向，一个类似于热抽象，一个类似于冷抽象（见拙文《告别机会主义》）。当然，这个比喻只是就表面现象而言。在刘子建那里，我觉得我从中看出了一种罕见的热情，这种热情不知不觉地促使刘子建在平面中寻求一种微妙的空间感。反过来，石果则从冷峻的角度，用平面的方式切入水墨当中，创造了明确的形式符号。刘子建的效果在很大程度上依赖于其独有的拼贴方式，他的作画过程就是一个不断地调整效果的过程。也就是说，刘子建开始作画时并不能确切知道自己的最后效果，对他来讲，过程就是一切，所以，他把他相当一部分精力都放在了这个过程中，并在这个过程中发现问题与寻找意义。石果的效果是依靠置于纸下的不同肌理来实现的，画面中的形式先已有所确定，是一种点线面的有机组合，这个组合在整个作画过程中是可以没有变化的或变化甚少的。

由此可见，石果的最后效果在作画前就多少有些知道了，过程只是过程而已。

综合他们两人的共同点，我以为在以下几个方面：首先，两人都试图解决传统笔墨的程式化问题，他们不约而同地用偶然性来工作，来制作丰厚的画面效果；其次，用笔已经退居次要位置，画，或者用旧的套话来说，“写”本身不再显得重要；再其次，形式的重要性明确地突显出来，而在这个形式当中，空间的表达成了他们作品的一个内在主题。对比之下，方土则更多地从水墨本身来做功夫，他执着地保留了“写”的意义，在笔墨上面不断地做文章。从这个角度看，方土显然有他守的一面。

从大的方面来看，整个实验水墨的发展颇令人担忧的地方是在那些勇猛直前的开拓者的冲击之下，把自身的后方都弄不清楚了，从而彻底抹掉了水墨画作为一个画种的存在。当然，从激进的角度来说，水墨画不存在了并不是什么令人扼腕的事，早就有人预言过水墨画的死期了，也有人呼吁要通过强调水墨画的死亡意识来促使水墨画的新生。从我的角度来说，这些言论无外乎都是些偏激之论，于水墨画本身并无什么用处。对于那些仍然自称为水墨画家的人来说，他们心里其实明白，如果不信守水墨的边界，自己就会失去起码的身份。然而，从实验的角度来看，恰恰是这个边界已经日益模糊。

我正是从这个角度去看待方土的水墨实验的。与刘子建、石果相比，方土更像是一个据守水墨边界的战士。一方面，他毅然抛弃自己的强项，挺进到一个多少有些陌生的领域去闯荡；另一方面，他又固守在他原先工作的最前沿，强调水墨本身的质感，不愿丢弃水与墨的晕染与笔的皴擦。方土只在一张纸上用他的笔作全部的文章，而不谋求用另外的材料去工作，这显然是他守的一面。从这一点出发，方土强调了作为水墨画的形的特殊性，这种特殊性是建立在对笔与墨、纸与水的关系之上的，是由一种特殊的纸、特殊的笔、特殊的墨和水的特殊分量等等共同构成的。作画的价值既在过程也在结果。开始无法确知最后的效果，结果也不见得是开始的结果，与刘子建、石果一样，方土也在运用偶然性的效果。但是，方土的偶然性更多的是需要笔墨功夫来撑持的，离开笔和墨，他将一事无成。

那么，方土为什么要守住水墨这个边界呢？守住这个边界与抽象这一形式又有什么内在的联系？这倒是一个颇有意思的问题。

今天看来，康定斯基创作抽象画基于以下两个简单的理由，一是他认为单纯的形与色和点、线、面等绘画因素是可以和完全应该独立存在，本身具有美感；二是他无法摆脱对音乐的迷恋，他总在幻想着能够创作出一种可以与音符相媲美的有限而简单的绘画符号，然后用这些符号去创作几乎是无限丰富的作品。表面上看，第二个理由是第一个理由的推进，然而，实际上第二个理由却是一个无法实现的幻想。所以，第一个理由很快就得到了公认，其结果是抽象艺术成为20世纪美术中一个非常重要的风格类别。而第二个理由所导致的只能是理想，绘画语言从任何角度和任何层面上都无法与有限的音乐符号相比。不同门类艺术的相通是有限的，视与听有着各自不同的功能。今天，我们不必去苛求康定斯基，从美

天大地大　230cm×145cm　纸本设色　1996

散物　68cm×68cm　纸本水墨　1993［左］
散物　68cm×68cm　纸本设色　1993［右］

术史的角度看，我们还得感谢他，因为如果没有他的创造，现代绘画就不会有一个全新的领域。

让我们回到方土那里去吧！

本来方土是画花鸟的，他的花鸟画吸取了海派的精髓，笔墨酣畅，风格飘逸，构图独特，表明了画家本人在这方面是大有可为的。可是，方土并不以此为满足，他很快就离开了花鸟画的领域，跨进了实验的路途。我猜想他之所以这样做，恐怕是因为在其心目中还有更为重要的目标等着他。这个目标我以为就是如何在水墨画当中开拓出更为宽广，同时也更具有当代意义的样式，以便使水墨这种古老的形式得以延续，并且不是一般意义上的延续，而是理所当然和理直气壮的延续。显然，方土选择了一个不好弄的难题，因为实验本身几乎没有确切的标准可言，完全靠个人的感觉，好坏之间，有时仅仅只有些微差别，而且这种差别只来自一个小的范围，在更为广大的观众中，没有什么人看明白这些差别及其意义。我个人的猜想，方土的这个内在目标，其实也就是上述我所说的那个水墨边界的问题。方土的努力可以简单地概括为试图守住这个边界的同时使水墨真正地进入当代。选择抽象，我想是为了使探索的对象更为明确单纯，是为了突出笔墨的单一性，更是为了能更有效地守住这个画种，守住一种长远的价值和意义，以达到转型的目的。

1996年方土画了《天大地大》系列，在原有的基础上突出了笔墨的趣味；1997年接着画了《离方遁圆系列》和《天方系列》。三组画下来，基本上能够表现出方土对水墨的基本态度。从观念上说，方土信守中国古代那种典型的“天人合一”“不着一字尽得风流”和“大象无形大音希声”的超凡脱俗的思想，他是从大处着眼小处着手去工作的；而从具体的创作而言，水、墨、笔与纸的关系构成了他的技术主题。《天大地大》水味很重，画中所有形的轮廓都是模糊的，结果这些形既凸显在用墨构成的空间中，又有机地融入这个空间里，似乎是在这个特殊的空间里缓缓地飘浮和游荡。而在这组画里，细看起来又可以分成两组。从《之一》到《之六》是一组。在这一组里，球体和方体构成了一种含糊和暧味的关系，这种关系是相互冲突的，同时又是相互依存的，相互包容的，在水与墨的晕染下，它们之间似乎经历了一个完整的从合一到分裂的过程。从《之七》到《之十》又可以看作是第二组。在这一组里，那种典型的球体与方体消失了，代之而起的是更大的墨团，这些墨团具有视觉的游动感，仿佛无法停止自身的运动一样，它们在不断地吞噬着各种各样具有某种形的意味的物体。作品的巨大尺寸更增加了画面的晃动效果，使上述的感受平添了一种特殊的张力。1997年的《离

散物　68cm×68cm　纸本设色　1993

方遁圆系列》和《天方系列》是《天大地天》系列的延续，但加强了笔的韵味，突出了染与写的对比，从而强化了画面的神秘感和相互冲突的力度。作品本身说明了一点，那就是方土试图通过这么一种实验来为写意的价值招魂，为水墨的本来意义招魂。他把水墨作为主题来处理，也就是说把原来在传统中作为形式的诸种因素转换成表现的对象，从而提升这些因素的固有内涵。

那么，方土在这个抽象的水墨世界中寻求一种什么样的意义呢？在这里，我还想着重指出存在于方土画中的那种深远的空间感，坦率说，正是这个空间感构成了他整个目标当中最基础的部分。无疑，这是一个理想的空间，一个只存在于画家头脑中的并不时地浮上脑际的关于空间的幻想。同时，画家希图越过这层空间，把自我的经历和现世的感受连成一片，并通过水、墨、笔、纸等来实现一种真正意义上的超越。长远来看，我不知道方土的这种价值观能否真的给不断受到挑战的水墨画带来全新的希望，或者说能否完成水墨画从传统向现代的转型与风格重建，但不管怎样，从历史来说，那些给历史带来希望的努力都是值得肯定的。方土从实验的角度切入，用抽象的样式来摆脱水墨的传统重负，净化其中的问题，并从中抽绎出本来意义上的水墨作为真实的主题来表现，并在画中有机地制造视觉冲突，制造一种不稳定感，最终让画中的墨团和笔触发出自身的鸣响，以实现一种真实意义上的理想的空间。结果方土完成了一次美学意义上的飞跃，即超越了自身，也超越了水墨的经典样式。更重要的是，方土通过他自身的努力，从根本的意义上固守了水墨画的边界，使他获得了这样有效的一个方位，既能够将水墨画往前推进，同时又没有丧失水墨画的形式特征。正是这一点，构成了方土的边界意识，也构成了整个水墨画领域的边界意识。在这个边界意识中，方土把形式与母题作了巧妙的置换，把历来被视作形式的各种因素转换成了表现的对象，从而完成了一次质的飞跃，最终给水墨画留下了一块发展的飞地。

原文载于《画廊》杂志 第63期

离方遁圆 184cm×240cm 纸本设色 1995

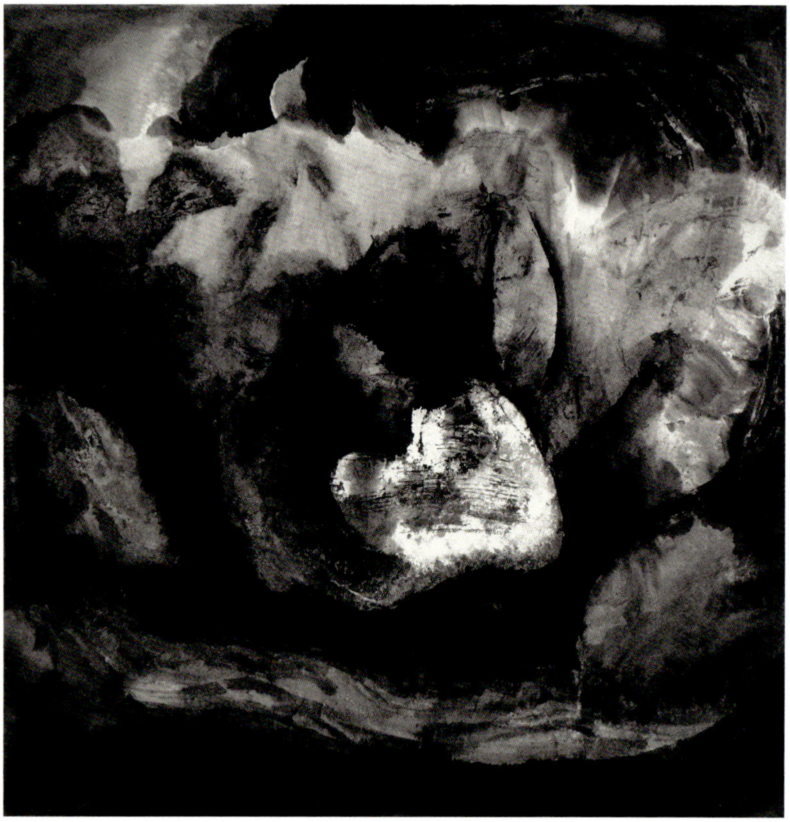

散物 68cm×68cm 纸本设色 1993 【下】

散物 68cm×68cm 纸本水墨 1993 【上】

位于制高点上的方土

文／顾丞峰

在当代功利社会里，大多艺术家都准备了完整的个人资料以供人索要，但我从方土那里却所得甚少：除了两三篇别人为他撰写的文章外，只有他那黑气充盈、混混沌沌的作品，创作谈、感受一类的文字几近于无，而他的作品又显然潜藏着个人感受性的东西，那么，我只好去他的作品中寻找线索了。

方土作品在充满岭南气息的广东中国画坛显得很突兀，他从大学毕业时起就走了一条与岭南画派秀润、清丽、世俗的画风相悖的道路，这样的作品不可能在普通观众那里得到青睐，这也决定了他必须在探索型的圈子里寻觅知音。但他不愿走出在纸上探索的范围，也就是说，他仍以一个现代水墨画家的身份而自足。经过一番分析，我觉得在众多水墨的探索中，方土的确已占据了一个制高点，他的艺术方式具有某种典型性，下面是我对此的简略分析。

渐进的图式表述——方土的作品大概可以分为三个阶段：一是以1991年“动静.辛未展”上作品《天地氤氲》系列为代表。二是以1993年、1994年《散物系列》为代表。三是以1995年、1996年至今这批作品《天大地大》系列为代表。方土的三个阶段作品的图式呈现出了一种逐渐明晰的态势。

在他的《天地氤氲》系列中，方土已显露出后来的那种异乎他人的思维方式和处理方式——学花鸟出身的他，作品中有花有鸟，却不是传统中国画中的怡情娱人或愤世嫉俗的花鸟，而是怪异的、塞满画幅的各色造型奇特的花蕾和阴沉地穿越画面的鹰鹫或凤鸟，作品体现出了一种与传统中国画异趣的超越现实意味。这种忠于个人感受、内倾而不取悦于观众的选择一直贯穿着他的作品至今，是其作品的一个主要脉络。这一点同时也将他与大多岭南派画面的艳丽和欢快的调子区别开来。

其作品《散物系列》时有一变：具体状物的形被更隐蔽的呈示，画面通常围绕着一个向心的结构，各种块状、条状物堆积、覆盖和旋转着，偶尔也间杂着干笔的扫拂和水墨的晕染。作者在这里逐步放弃了色的表现力而代之以墨色的统治地位，在形上也趋向于含混和消融。但代价是随着主导的淡化，作品的风格也含混起来。实际上作者的风格的含混正是一种寻找新的图式的过渡阶段的表现。

果不其然，方土的1996年的《天大地大》系列向我们提供了一个独具风格的菜谱。我首先嗅到的是佳肴的气味，这使我有兴趣和信心仔细品尝其中每一道菜的做工和调料。调料虽不算丰厚，做工却十分考究：首先画面上出现的是已近乎单纯的水墨，水墨在浑厚的主调中有着层次丰富的变化；其次，形的开阖与铺排已呈变化万端之妙，在构图上作者近乎到了取无法之法、左右逢源的地步，原有的向心方式已被搁置；更为奇妙的是一个新的形体的出现，这是一个足球状物，它或隐在画面的结构里或出现在画面的主体中，一定程度的具象状球体与浑厚的水墨背景形成了变化多端的丰富感觉。再有，画面浓重变化的墨色映衬出的留白，光感照人，这种透气而闪光的处理办法看来深得古人王蒙、近人黄宾虹之妙。当然，使我更为感兴趣的是作品所揭示的画面背后的东西。

超现实的进入方式——方土作品是否有潜意识的某种驱动，我未曾与他就此谈论过，我的推测完全建立在作品奇诡的构图组合和那个或隐或现的球状物的印象上，仔细琢磨他大多作品的画面的构成，如同人闭眼后瞬间的瞳孔幻象的放大，有纵横捭阖之态而毫不做作。仅仅停留在意识状态中的画家我想很难营造出这样奇谲的境地的。这里可能是作者某种难以言表的潜意识图式的心理同构。当然我并不想去深究这个心理暗喻的含义，这是精神分析学家和阐释学家的事情。我所感兴趣的是作者依此建立起来的心理图像使作品具有的强烈的风格因素。关于潜意识在艺术创作中的运作，艺术史上可以举出很多经典的例子，现代派中的超现实主义大师们曾自觉地运用诸如自动记录、意象拼贴等方式，在风格上既有

延伸　180cm×145cm　纸本设色　1998【左页图】

2001年于广东美术馆［左］
1998年于巴黎卢浮宫［右］

达利式的怪异和扩张，有马格利特式的内敛和象征，也有米罗、马宋式的“有机形态”。其实方土的超现实倾向早在其先前作品《天地氤氲》系列中就有苗头显示，而在《天大地大》系列中，他仍然保持了一种低调的处理，在风格上并不追求扩张和怪异，而是在内敛中营造种种“有机形态”并依此与被大家认同的水墨处理相协调。方土的作品并不狂热，但却具有明显的非理性因素，整个倾向上夹杂着些许茫然和凝重的气息。

这是我对其作品具有的超现实倾向的分析，我认为这是进入方土作品的一种线索，从这个角度去理解，起码对我来说可以得到某种解释。

水墨的不可替代性——以上从图式和超现实倾向上对作品进行了分析，我的分析都放在一个相对西化的标准中，并未用中国传统的标准诸如“道”“阴阳”“神、妙、能、逸”来阐释，因为我更乐于把方土的作品视为绘画而不是“水墨画”或“现代水墨”，我认为方土的作品已突破了传统的“笔墨中心主义”的范畴，而笔墨中心主义正是水墨画或现代水墨画的核心，也是探索所必须排除的一个误区。

我曾在另一篇文章中对现代水墨的前景做了一番推测，其结果为：唯一在内涵和外延上具有一致性的只有抽象水墨这种选择。虽然抽象水墨所面临和需要解决的问题在艺术史范围内并不是一个“强问题”而只是一个“弱问题”。抽象水墨之所以能在艺术领域中占有一席之地，这是因为它能够最大限度地将水墨的不可替代性继承并发挥，也就是说，在水墨画面中笔和墨（主要是后者）的运用所产生的效果，是其他媒材所无法取代的。应该说，中国艺术中使用毛笔画墨线的轻重徐疾、画墨色的五色氤氲、淋漓酣畅的效果是西方艺术中很少见到的，西方平面艺术的传统是注重“面”的生成，因为面的形成直接关系到在二维平面中塑造具有幻觉三维空间感的形。而中国艺术中对“墨”的运用与西方艺术中的渐变、不同色的视觉混合以及大色域、平涂等处理方式有着本质的不同，严格来说墨色不是去构成“面”，它是一种“域”，它的变化更多在呈示一种心理空间。在这点上可以说它具有与西方艺术非常不同的旨趣，我称之为“不可替代性”。抽象水墨正好在这一点上可以继承并有余地发展传统的精华，也即是说，用水墨的方式营造出的效果是其他艺术媒材所无法代替的，不过请注意，水墨当然不仅仅是个媒材。

至于这种“不可替代性”是否包孕了中国艺术的精神，我不想过多地探讨它，因

1997年于广州大方斋

1996年作品《天大地大》系列参加中国美术馆“当代中国水墨现状展”

为这个问题是个陷阱，一旦去刻意寻找，往往会在传统的精神气质中找到落脚点，我们便很难逃脱“有意味形式”的对应论。精神当然总与我们相伴，但我们的当代艺术精神仍然在借助着西方话语，这种影响是挥之不去的，抽象水墨的方式也是这样。

方土的作品大致可以归入到抽象水墨范畴里，其中或隐或现的球状物仅仅给人以一种提示，而这种提示也是晦涩的；其作品主要特点在于构形，用或粗涩、或沉重、或游移的墨域（请注意不是墨色）来构形，表述一个当代人对精神问题、对传统问题的思考和发出凝重的叹息。其处理方式与其精神指向有着贴切的吻合。这形成了他运用水墨方式的不可替代性。在这个层面上方土具有一种典型性。

方土已经站在了一个不错的制高点上：一方面在作品的心理上发掘出超乎常人的想象空间，赋之以奇诡的构形和凝重的水墨表现；另一方面以不可替代的抽象水墨方式在探讨它表现当代社会的可能性和它在当代艺术方式的立足点。后一个问题当然是我强加给他的，我希望看到有一批人在自觉地探讨这一课题，毕竟在情感上我们都浸润了中华民族的漫长历史，我们都希望在当代世界艺术的宴席上有我们的一席之地，而水墨方式能否成为我们手中特有的餐具，人同此心，心同此理；相信耕耘碌碌，必有斩获。

希望方土是一个清醒的斩获者。

原文载于《二十世纪末中国现代水墨艺术走势》Ⅲ辑

天大地大 230cm×145cm 纸本设色 1996

天大地大 230cm×145cm×3 纸本设色 1996

进入当下方土近作的启示

文／鲁虹

尽管方土的抽象水墨画实验，在1997年以前经历了几个完全不同的探索阶段，但只要我们对其进行认真清理却不难发现，这位执着的艺术家始终遵循着一个基本的价值观，即在进行水墨画的现代转换时，一直牢牢固守着它的传统边界。因此，与许许多多以“做”代“写”的抽象水墨画家不同，方土的抽象水墨画实验通常只在一张宣纸上用笔墨作全部文章，而他的实验方案则是尽力将传统水墨画中作为形式的诸种因素转换成表现的对象与主题，然后再按照现代设计或构成的理念改造它们、发展它们。这就使得方土的抽象水墨画创作始终具有笔墨酣畅、风格飘逸的特点。在谈到现代设计或构成为什么要作为一种元素进入画面时，方土指出，那是因为“现代设计或构成乃是工业文明的重要成果，它渗透在我们生活中的每一个方面，从居住的环境到各种生活用品及工业用品，无所不在，艺术家作为人类最繁感的视觉器官，不可能对此无所作为”(引自方土的《艺术自述》）。令人感到十分意外的是，方土在1997年以后的艺术创作中却发生了重大的逆转，具体表现在，他不仅大胆将丙烯、喷漆等非水墨材料引入了水墨画中，还采用了各种“做”的方式来作画。毫无疑问，按照方土以往遵循的价值观，他显然是大大“越界”了。于是一个问题便被带了出来，为什么一个有着深厚传统笔墨功力，而且在艺术探索上又颇有建树的艺术家，最终要放弃他一向遵循的价值标准，转而进行带有“越界”性质的艺术探索？依我的理解，这恐怕与展读方式以及文化情景的转换不无关系。大家知道，在古代文人画家那里，水墨画常常是拿在手中把玩或近距离观赏的，但在今天，当人们进入巨大的展厅时，总是与水墨画作品保持着相当的距离，加上西方当代艺术的强劲冲击与现代科技文明的不断发展。许多人的视觉感受或曰经验已经发生了根本性变化。这也导致他们评判一幅水墨画作品时，自觉不自觉地会将视觉刺激量作为一个基本的标准。于是水墨画的柔软性问题才被一些人提了出来。有偏激者甚至认为，水墨画的先天性缺憾使它在油性绘画及装置艺术面前显得苍白无力，更使它在当代艺术中处于可有可无的地位，它充其量只能画些似是而非和混沌不清的抽象水墨画。(见《张力的疲软》，王南溟，《江苏画刊》1995年第3期）我猜想，方土很可能听到了上述意见，也充分意识到了上述意见的某种合理性，或者，他受到了某些人和作品的启示。他近期的转向，在很大程度上源于这样一种价值追求，即一方面要坚持水墨画的民族身份，一方面又要努力增加水墨画的视觉强度与表现力。从根本上说，方土还是为了使中国“文化生物链”中的一环——水墨画在中国当代艺术中占有重要地位，这表明他始终是水墨画最忠诚的守卫者。从方土给我看的一大批作品来看，在转型初期他有些走极端，也正是由于他过分迷恋于对丙烯颜料的运用，迷恋于各种“做”的手法，迷恋于画面的设计感，所以他的那些画虽然很有新意，也很有张力，但却失去了水墨画的基本特征，说得不好听，有些像西班牙画家塔匹埃斯的作品。显然是意识到了这一问题严重性，再往后走，方土开始注意解决的问题便是有效协调水墨表现与新艺术表现的关系。具体说，就是协调水性材料与硬性材料、“写”与“做”的关系问题。其方法是：第一，仍然强调对笔墨效果的充分发挥，即使引入了丙烯颜料，他也很注重作画过程中的“书写性”与“即兴性”；第二，在引入新材料和新表现手法时，不光注重各种对比，如渗透效果与生硬直线的对比，随意书写与刻意拓印的对比，水性材料与硬性材料的对比，还注重画面在整体视觉效果上的统一。在这里一个基本原则就是，任何新的表现都不能伤害水墨画媒材的基本表现特征。我看方土的近作时深深感到，他用传统方法画出的画面基底就意味着他对民族身份的认同和对某些传统感觉的保持，而使用一些新的艺术手法则是他对传统所作的“批注”和对水墨现代感觉的追求。此外我还感到，他的这种综合性的方法，既象征了中西两种文化的冲撞、融合，又增加了画面的层次感、丰富感、厚度感，非常有利于对力量感、速度感、爆破感、冲击感的表达。前不久，方土给我看画时，故意将前期的

段远文　方土造像　25cm×20cm　布面油画　2018

纯水墨作品与近期的综合性作品挂在一起，结果给人的感觉正如他指出那样，前者就像单声部的乐曲，显得单薄、文弱，后者则像多声部的交响乐，令人感到厚重和震撼人心。当然，以上仅仅是从艺术表现的角度来谈的。事实上，方土之所以变换自己的手法也并非完全出于艺术自身的考虑。据他介绍，相当长的时间他都没有画画，通过对西方与中国当代艺术的学习，通过对新文化情景的分析研究，他体会到，当代文化首先是一种公众性文化，而对大众关心的文化问题给予必要的重视，并用适宜于公众理解的视觉方式来进行艺术表达，进而把观众引入一种对话性的阅读环境中，就是当代艺术的基本特征。如此看来，他以往进行的抽象水墨画实验基本上较为忽视艺术的公共性问题，更多关心的是对个人私密性空间，如内在情感、潜意识的表达。更为关心的是较为纯粹的形式问题，如对材质潜在特征的开拓，对二维平面的处理等等。应该说，正是这挥之不去的“精英情结”，方始得他以往的作品与大众之间形成了一种不太顺畅的阅读关系，变

1996年摄于中国美术馆

成了曲高和寡的阳春白雪。观念上的转变导致了创作方向上的转变。按方土自己的说法，他是把对太空及个人心灵的关注转向了现实。他近期的作品已经开始把现代文化资源作为作品的素材来处理，主要使用的艺术符号乃是大众甚为熟悉的CD，它们基本上是用喷射方式制作出来的，还无拘无束地飘游在象征中华文明的水墨底子上，大有一种全盘覆盖的趋势。从纯粹语言表现的角度看，CD的造型与方土一向使用的圆形符号有着明显的逻辑推进关系，但从大的文化背景上看，CD这一西方化符号却携带着十分深刻的文化内涵。CD代表着西方传入的一种文化方式，由于它频繁地出现于与众多家庭与场合，所以几乎成了许多人生活结构中的一个重要组成部分。闻名于世界的盗版CD现象，就浅层而言，是源于一些不法商人及消费者对知识产权与商业规则的无视。难怪有学者指出，盗版CD问题的解决，仅仅靠搜查不法商人是远远不够的，重要的是重塑民族文化的当代性与开放性，使之具有强大的竞争力。同时要使每一个公民认识到：捍卫与发展民族文化，对一个民族自立于世界民族之林是极为重要的。历史足以证明，民族文化的堕落必将导致本民族的衰落。对此，我们万万不可掉以轻心。生活在南方的方土是敏感的，他以艺术的方式把隐含在CD中的深层文化问题提了出来，还用网形符号与具有异质效果的黑手符号提示了问题的严重性，目的是希望人们能认真反思造成这一问题的原因。诚然，方土也没有给出明确的答案，但他却为不同层次的解读和想象预留了充分的空间，并成功拉近了他的作品与观众的心理距离，这极其有利于促使观众由被动主体向能动主体转换。仅此而言，方土近期的艺术探索是非常有意义的，从中我们可以感觉到水墨艺术在未来世纪中的发展方向。

1999年10月于深圳香蜜湖

IT分子·之一 240cm×120cm 纸本综合材料 2001

IT分子·之二 240cm×120cm 纸本综合材料 2001

文明之果

文／彭德

30年前，人们做梦也不会想到，一个小小的光碟会以数字形式储存人的七情六欲并能显示成图像。这种当代顶尖艺术的联姻，使一贯热衷于享受而不是推动科技的中国文人和文盲统统成了它的俘虏。方土的《文明硕果·CD系列》，用传统的水墨画表现这一新兴题材，试图在两者之间寻找某种特殊关系。在我看来，破碎的、堆积的光碟如同垃圾，使我想起了的“扫黄打非”期间压路机碾光碟的场景。

面对那种场景我总是感到纳闷：既然黄毒光碟有毒，为什么有那么多人冒着坐牢杀头的危险，前仆后继地去制作和贩卖？在中国，禁止从来都是诱惑——有意的或无意的诱惑，而全面地禁止就是全面地诱惑。无论是国际胁迫还是内部需要，将光碟一而再再而三地碾碎，只能更强烈地调动人们的好奇心，帮助制假贩假者义务开拓更加广阔的市场。有毒光碟大多来自建设我们的美国伙伴，这位新伙伴并不一定认同我们的判断。乍一想，美国人很愚蠢：既然要用文明之果改变中国，为什么公开反指责中国人复制你的光碟？再想想美国人很聪明，他既要文明礼貌地改造你，又要你中国人掏钱去不断地摧毁中国的造假工厂和产品，掏钱去进口他的原版，总之让你赔了夫人又折兵。不像中国当年无偿地搞革命输出，人称贴钱养汉。两相对照，美国人大智若智。可见这文明硕果对于中国人来说，实在是无比的苦涩。

网络时代的水墨

文／范迪安

“多媒体和互联网通讯代表着当今时代的迅速发展，电子信息和数码网络无处不在，随处可得。我们仅靠互联网与电脑的连接，便可能看见和体验到不仅仅是对现实的反映和模拟，而且是一种全新的独特的现实。许多思想的交流正在无影无形的网络上进行，这种新的信息网络和互联网模拟系统大量涌现，正在对社会及当下文化产生重大的影响。它不但销蚀着我们原来对世界的整体感受，而且慢慢地左右着我们的意识空间。无可否认，传统的水墨画观念及其语言范式已经落后于时代，这是不争的事实。同时，原有的文化含义也不能作为我们依托的根据。面对无形的数码世界，艺术家作为人类精神的创造者，难道不应该觉得有一种责任感吗?”

乍看这样一段话，很像是一位艺术批评家或文化论者写的“新文化时评”，但是，这段话是方土写的，写在他已经画出《文明硕果·CD系列》(1999)、《网络系列》(2000)等大批作品之后。可以把这些文字视为方土自己的艺术所作的观念呈述，然而这里鲜明地提示我们：应该正视我们已经进入的信息时代，思考数码文明对我们观念和语言的革命性影响，由此用艺术的方式对应这种挑战。

一方面是传统的水墨语言，这种语言曾经在表现自然世界，特别是有机生命上达到了极端的成熟度，并且流畅地成为画家思想感情的载体。另一方面是我们今日所处的由工业和科技文明创造的现实世界，这是我们生活的现实，也是精神与感觉实际驻落的空间。这两方面的距离和矛盾便构成了今日中国艺术中最为尖锐的文化问题，在画家那里，更是一个具体的课题。这种距离和矛盾极容易使水墨语言陷入“失语”的尴尬。包括方土在内的一批画家从20世纪90年代以来坚持“实验水墨”的道路，其中最主要的目的之一，就是要挽救水墨语言在信息时代图像景观面前可能的“失语”之症，建立水墨语言与新的时代文化主题之间的联系。这条道路无疑有很大的冒险性，但却是一种积极的迎接挑战的姿态。

文明硕果·CD 68cm×68cm 纸本综合材料 1999

文明硕果·CD　68cm×68cm　纸本综合材料　1999

1999年于广州

画出《网络系列》的方土不是一步就从传统范式中跨过来的。十来年他经历了一个有逻辑关系的演变过程。他从质疑“见笔见墨”的传统水墨画法则开始，首先进行水墨“墨韵”的单向实验，在“墨韵”的探索在刷新自己的笔墨感觉。他也吸收西方抽象绘画的艺术原理，以自己的潜意识冲开自然“形象”的束缚，把“墨象”作为自己心理活动的迹象给予视觉肯定，在作品中塑造出由方、圆之形和大片渲染合成的抽象形态结构。再往下发展，他又从改造水墨材料入手，运用丙烯、漆、白粉等综合媒介并运用刀刮、喷洒、拓印等制作手段，使综合材料的物质性有机地溶入水墨材料之中。在这个时候，CD的形象和网的形象进入了他的画面，并且作为商业化、信息传播与流行的“符号之花”(殷双喜语)在作品中形成现代文明的可视代表。这些形象醒目地占据着他画面的结构，出入于墨韵起伏的背景空间，在撞击、缠绕、混合之际由无机变为有机，透溢出强烈的生命力量。

当代文化的许多视觉符号被今日艺术家收入画中，这是一种新的“直面人生”态度。所不同的是，方土是有选择的，这种选择一方面基于符号的代表性，CD和网的造型就是他认识到、也是我们能够感知的代表性符号，另一方面要与他的新水墨范式理想，有着暗合的关系——他长期的探索并没有离开水墨语言领域，他正在做的只是扩展这个领域，使水墨语言在当代文化情境中拥有新的自信和主动。

方土的理想也是意识到我们已经跨入新世纪的画家们的共同理想。

1999年3月

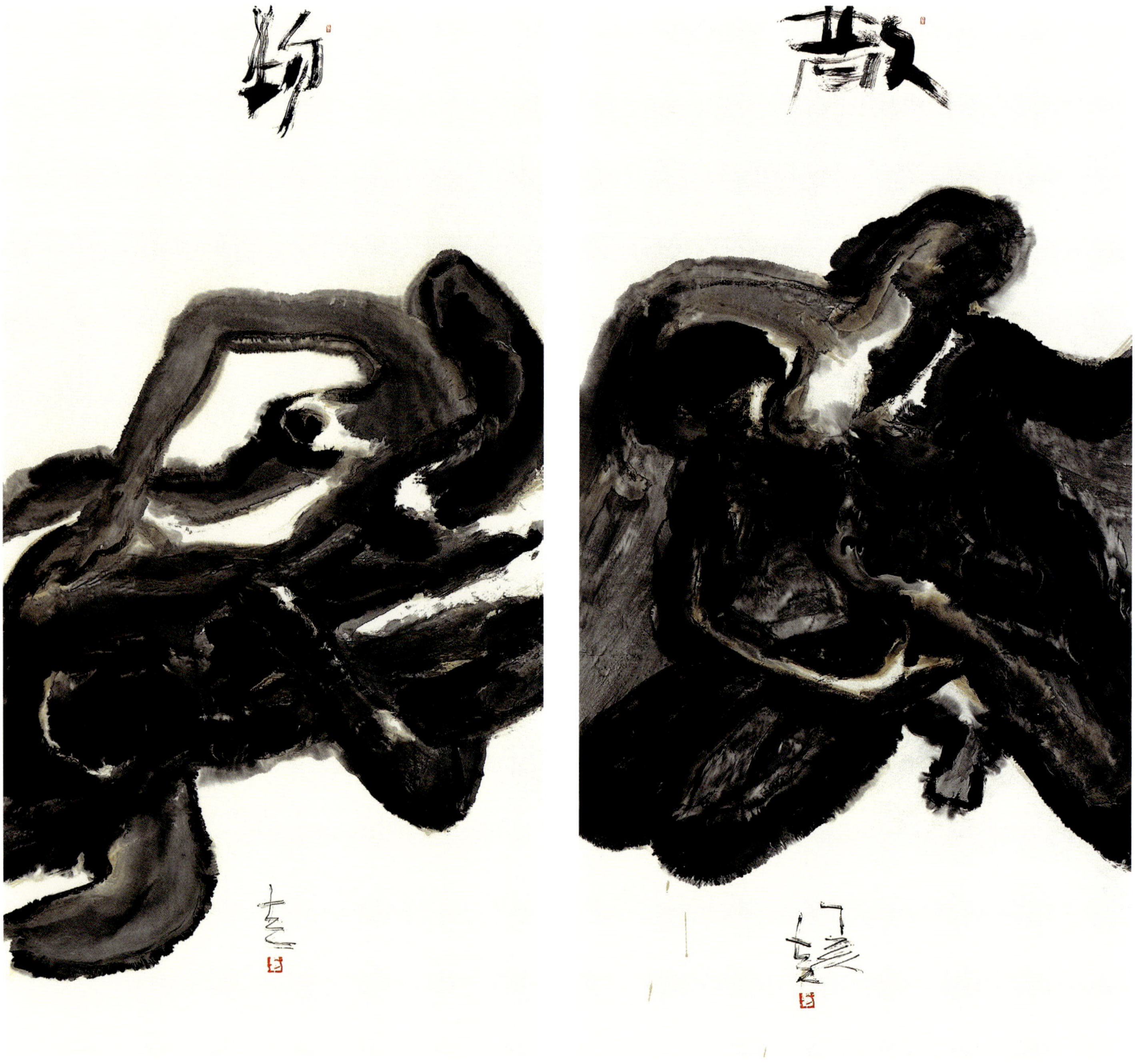

伦、照、散、物　180cm×96cm×4　纸本设色　2007

求新，更要求好

文／郎绍君

最早见方土的画，是在20世纪90年代初，那时他画阔笔写意花鸟，重视在笔墨、意趣上与传统的衔接。后来他逐渐转向抽象、半抽象水墨，追求新和“现代性”。李伟铭、王璜生、杨小彦、顾承峰、鲁虹等，对他的这一转变作了追踪与论评。璜生说，方土的画从“立足点”而言可归入“后传统型”，但又“多少超越了‘后传统’而逼近前卫的边缘”。（《水墨的自觉》，1993年）伟铭说，方土“在中西文化夹击”中寻求一种心理上的平衡：“不可能完全背弃传统的教诲，也渴望以一种新的姿态被某种现代的价值观念所接纳。”（《也说方土》，1994年）约三年后，小彦又做了新的、颇为确定的论说，认为方土“选择抽象……是为了突出笔墨的单一性”“只在一张纸上用他的笔作全部的文章”（《水墨画中的边界情结》，1997年）至1999年，鲁虹作出与小彦几乎完全相反的记述：“方土在1997年以后的艺术创作中发生了重大的逆转，具体表现在，他不仅将丙烯、喷漆等非水墨材料引入了水墨画中，还采用了各种‘做’的方式来作画。毫无疑问，按照方土以往遵循的价值观，他显然大大‘越界’了。”鲁虹认为，方土的转变“并非完全出自艺术自身的考虑……他体会到当代文化首先是一种公众文化，而对大众关心的文化问题给予必要的重视，并用适宜于公众理解的视觉方式来进行艺术表达，进而把观众引入一种对话性的阅读环境中，就是当代艺术的基本特征”（《进入当下》，1999年）。

依照上述各家的评述，可以把方土的转变概括为三方面：

一、由具象转向抽象；

二、由笔墨方法转向或部分地转向“做”的方法；

三、由相对个性的情意表现转向公众化的观念象征。

对此，我产生了若干感想，提出来供方土和各位方家参考：

一、关于由具象转向抽象。

从形式自身演变的逻辑观之，水墨抽象是具象水墨合理的变异趋势之一，果宪

周丽萱　方土画像　125cm×90cm　布面油画　2018

庭早在20世纪80年代就发表过这样的意见。问题的关键是，抽象观念、图式、结构、表现手段，是现成的取借于西方艺术，还是尊重中国水墨画的自身逻辑？两条途径虽然不能完全分开（即必然有适当交错、影响、借鉴），毕竟是有着本质区别的。前者难免泯灭中国水墨艺术的基本特色，后者则保留这一基本特色，使抽象水墨成为中国水墨系统而非西方抽象艺术的一个分支。西方抽象艺术经过一个世纪的演进，在形态和表现诸方面都已十分丰富。依照它的模式用水墨材料创作，虽不会完全失去“水墨性”，却在整体上逃不出西方“如来”的掌心。诚然，这样的抽象水墨也有其价值，会丰富中国画坛，但它无法替代依照传统自身逻辑发展出来的水墨抽象。那么，怎么理解“水墨画自身逻辑的演进”？我以为最重要的是不放弃传统水墨画的基本语言方式——与书法有密切关联的笔墨语言。称笔墨为语言，是它既生根于水、墨、纸、笔这些材料因素，也生根于它书写性——这一特质以及与其紧密相连的理性与感性、设计性与随机性为一的创作方式。这一传统还产生了强调品味、诗意感应的欣赏方式。丢弃了笔墨，也许会创造出一种新的水墨形式，但也丢弃了传统水墨艺术最根本的文化品格与技艺特征。因而也就很难摆脱西式抽象模式。在多元化这个大前提下，我们要尊重和理解各种方式包括西方方式的探索，但如果取消了水墨传统最具特色的笔墨语言，将不是趋向多元，而是汇入西方这一元，从这个意义说，在笔墨语言上下过功夫的方土是沿着疏离笔墨的路线走下去，还是在走过一段“实验性”的路之后，重新发现笔墨的意义？我个人认为，他向笔墨回归，沿着笔墨方式探寻抽象表现，是最佳的选择。

2020年创作《神秘面具》

二、关于新材料、“做”与笔墨的关系。

“做”的方法有多类。一类不脱离水墨媒材，甚至用笔用墨来“做”肌理效果；另一类为水墨媒材加其他材料“做”；第三类全以非水墨材料“做”。目前以第二类为多见，方土即属此类型。所谓“做”，指的是放弃或改造传统用笔，以其他工具代替中国毛笔，用物理性、化学性方法制造肌理效果，在语言上取代笔墨。刘国松是这一语言方式的最突出代表并最具影响。“做”无疑丰富了水墨画的表现力和形态，但如果以“做”代替笔墨，立刻就暴露出它的单调和局限。“做”的效果不可能比心手相应的笔墨表现更丰富。作为对笔墨方法的补充，丰富是有益的，作为取代物则是危险的。作为画家个人的选择无可指责，作为中国水墨画或整个中国画的选择则不可行。

新材料如丙烯、油漆，当然可以尝试或应用，谁也不能说新材料（以及新工具）无意义。但不必以“新”为由否定传统材料。人类对新材料的发现有价值，人类对旧材料的高度熟悉，熟练把握已经成为一种历史性的文化行为，新、旧材料可以并存、可以并用但不能以新代旧。从本质上说，艺术材料的新旧不是价值意义上的区别，由材料的创造性运用所形成的艺术品才是价值衡量的依据。以为用了新材料就能创造出新价值的想法，把艺术创造理解得太简单了。更重要的是，放弃了水墨媒材的创新，难免跨出“水墨画”的边界。跨出材料边界的绘画可以为绘画，但不能为水墨画。这个最简单的道理，已被许多聪明人和头脑复杂的人忽略了。漆的油性、不透明性“厚重”，但这种厚重与水墨的厚重是两码事，正如油画的厚重与水彩的厚重不同一样。溶于水的丙烯近于水墨，可以在很大程度上补充甚至取代水墨（尽管也有区别），艺术对材料的选择，既是自由的，又是有限定的，对水墨画而言，没有限定就意味着对水墨材料的取消，对笔墨的取消。漆一类材料可以赋予作品以视觉冲击力，增强展览效果，但它将失去水墨媒材及笔墨表现的细腻与丰富，变得不耐看。中国的抽象水墨，如果能耐看、耐品，才见出自己的独特魅力，而这，唯笔墨才能达到。方土如果愿做此追求，他是有条件做到的。

三、关于个性情意表现向公众文化问题观念象征的转化。

个性或私密性情感意趣表现，始终是传统绘画的一大特点。近代西方自弗洛伊德精神分析学说诞生以来，把公共性追求个性情感表现的传统扩展为对深层心理意识的发掘，荣格的“集体无意识”说更把深层个性心理与文化族群的心理共性、文化传统积淀联系在一起，在理论上为现代艺术开拓了新的文化视野。但全球化、市场机制和大众媒体，正对东西方艺术产生着决定性的影响，使它日益抛离在近传统。许多艺术家所看到和向往的观念艺术，一方面突破了所有传统艺术的限制而获得了应用材料、创造形式和表达观念的自由，一方面也不可避免地抛离了传统艺术对个体人性心理深入细致的刻画，相应的独特私密性空间，以及具体画种、媒材和相应形式不可替代的表现性和魅力。以水墨媒介（或媒介之一）表达观念是对传统水墨艺术的超越，同时也是否弃。以观念象征为目的的水墨装置乃至行为可以获得某种公众性和影响，却无法替代水墨画的微妙和相应的品味鉴赏及其收藏的便利和永久性。水墨画的观念象征意义也是有限的，如以CD盘象征现代大众文化，得到了某种观念性，但也失掉了水墨画的独特情绪、心理表现与形式趣味。过重的观念承重会使绘画窒息，而丢弃个性化的内在感受与独到的视觉经验则无异于把它置之死地。

“实验水墨”的价值首先在于探索实验过程，而不在结果，它不成功也具有意义。我们理应对实验探索抱着“同情的理解”和支持态度。但这不是说凡实验必“超越”，必成为“不可忽视的当代文化问题”。人们对实验成果还没有共识和判断标准，美言者有之，丑言者有之，奉以高冠者有之，投以鸡屎者有之。我从不赞成对它的轻蔑和否定，不赞成一味褒扬。对那种容不得任何批评的“监护神”态度，也不欣赏。方土疏离或暂时放弃他诸熟的笔墨而亲近“做”法，由个人化的情意表现转向观念象征，作为探索过程是有意义的，这种意义指向他今后的选择……无论是退还进。对创作者而言，每一步探索都是策略性的，而退一步也可能为了进两步。出于认识和外在环境驱使的探索和出于内在情感和审美需求的艺术是不同的，艺术魅力之来源是后者而非前者。

刘国松说“先要求新，再要求好”。如果求新是在被旧势力压迫的情境中进行的，这话有它的道理。在趋新成为最时髦现象的今天，应当说“求新，更求好”。这里的关键在何谓“好”。既是求新，就不可能全以旧标准衡量，否则会扼杀“新”。但“新”的标准在哪里，能够在新东西初出时就有完善的标准吗？不会。有人使用的“新标准”，否弃了传统旧标准，换来的乃西方旧标准。当下的实验水墨评论庶几近此。“新”不可能是横空出世，它必定是旧形态的蜕变与改造，旧的演进发展，因此老标准仍有它一定的作用和意义，与新标准必相通相连接。此外，对于具体的画种，还有更高、更具普遍性的标准，当某种具体标准遇到困难时，更具普遍性的标准就应起作用。趋新是人的基本要求之一，但新的未必是好的——未必有益，未必对生存发展有价值。20世纪西方艺术的致命弊病之一即唯新是求，视新为价值目标。这已为西方乃至世界艺坛造成了危机。所以如此，一是由于两次世界大战对人的心理摧残，二是由于现代化带来的人性异化和意义价值失落。扩而言之，人类世界也正处在如何处理新与好的矛盾境遇中。作为人文现象的艺术之新、好关系及其恰当处理，有助于人类在物质生活领域中对这一关系的思考和处理。在飞速“全球化”、西方化、物质化和求新本能被空前激活、膨胀的当下，相对重视传统价值、“好”的价值，绝不是“保守”二字所能概括的。

方土，望你求新亦求好。

2000年4月3日于北京

神秘面具　190cm×232cm　纸本设色　2020

神秘面具

一醒惊天下　244cm×122cm×3　纸本设色　2021

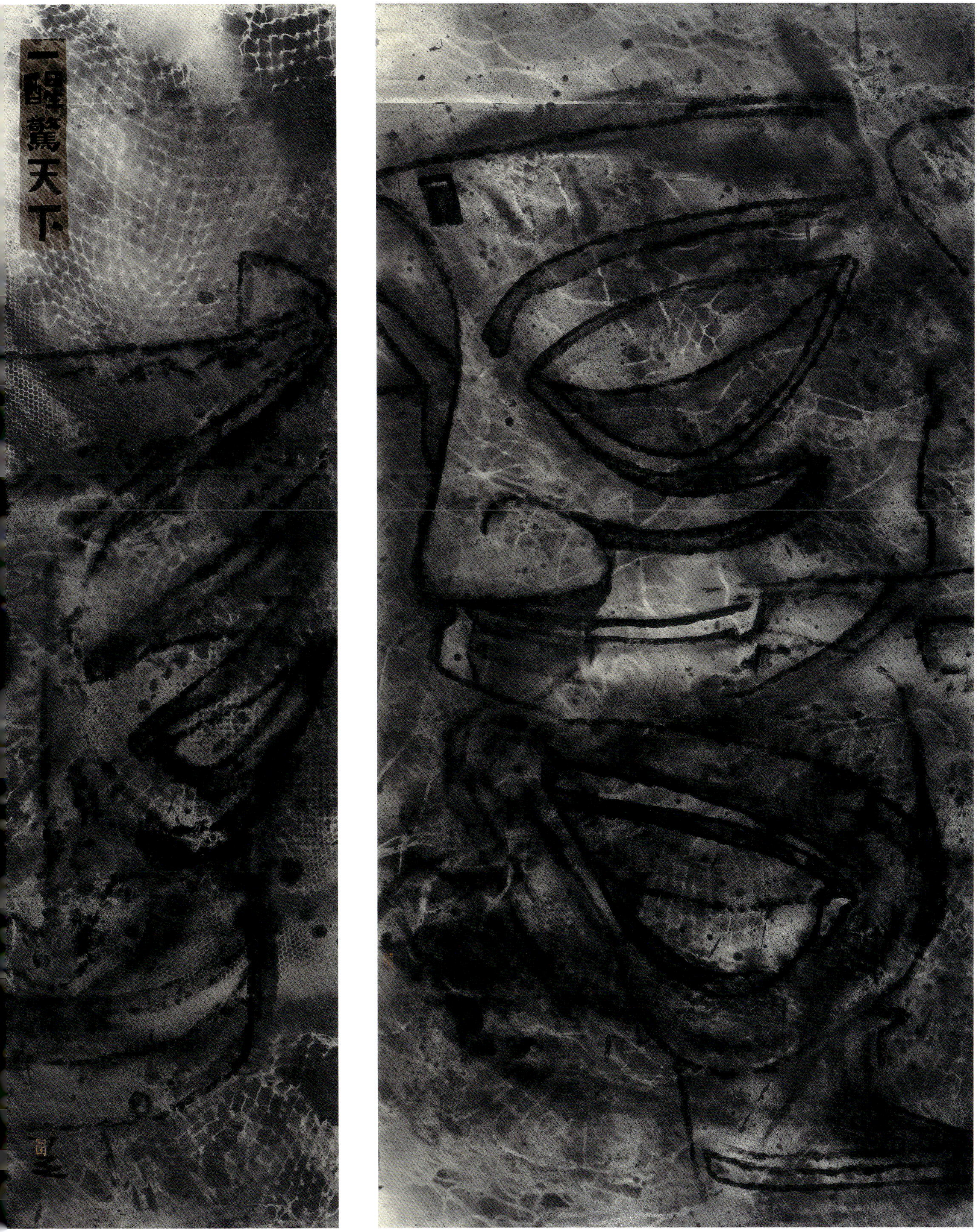
一醒驚天下

天问·之一 246cm×125cm 纸本设色 2017

水墨的自觉

——由方土的实验说起

文／王璜生

当代的中国画画坛，粗略地概括，可以分为三大板块，一是写实型的；二是从传统中走过来，希冀在传统的基础上发现传统所忽略或当代所具有的东西，苟且称它为“后传统”型的；三是实验性前卫型的。这三大板块从各自不同的角度，对中国画的当代发展及当代形态产生了多层面多向度的推进意义。写实型中国画在尝试解决及超越传统“写意性”方面，历史性地行进了西方写实主义手法，转变了作为系统的“写意性”所带来的懒性因素，为中国画走向一个更为开阔的创造空间提供了多种可能性。但写实型中国画的发展，其难点在于它试图以变换机制来达到对已成完整体系的传统机制的否定，而新机制目前尚未完善其作为学科的价值，多少存在着学科之外的种种社会功利及机会因素的不自觉的困扰。实验性前卫型中国画同样存在着类似的问题。但它的意义在于从精神形态上大大地跨越了传统的精神内涵，直切入现代社会、现代生存状态底下的个体精神。这里有焦虑、有调侃、有苦闷的呐喊，也有吹吹口哨的玩玩。不过，前卫型中国画家目前试图跨越的障碍是作为传统精神载体前经由传统精神节选而存在的水墨媒材及笔墨情结能否过渡及充分地表达现代的个体精神？传统的集合式意识可会通过其媒材及情结抵消现代个体精神的张扬？这样的矛盾目前已多少显露出来。应算“后传统”型中国画所走的路较为稳妥稳健。作为系统，它的运作、发展、完善有其完整的融合性，在本系统中，调整各种因素及其结构关系、补充新的养分而催发这棵大树的某枝、芽、叶的繁茂。观念的成熟和材料的自觉是“后传统”型中国画的突出优势。毕竟，在这观念和材料背后所长期凝结的是一种审美的理想，这理想支撑着一大群人一代代的精神满足。但是，这一类型发展的难点却正在于人类，尤其是文人、知识分子的不轻易满足的本性上，在前人的一座座令人赞叹不已的高峰面前，难道只满足于在它们上面加上一把泥沙、一颗石粒？在当下这个充满刺激杂乱的信息时空中，在这个人欲、物欲横流，以新的方式去建构新的理想的现代情境中，古典的审美理想能否以它历史必然的位置给予当代人以精神的、真实（而非虚假）的满足？

方土应该算是这样一个不轻易满足的当代画家，尽管，他艺术的立足点可以归入这“后传统型”的一类，整个艺术创造和感情基础倾向于水墨材质和笔墨体味的自觉以及观念的早熟圆洽，但作为年轻人所特有的敏感的幻想和不易满足的试错冲动，使他的艺术多少超越了“后传统”而逼近前卫的边缘。

从方土在1988年“星河展”展出的大花大鸟作品，到1991年“动静展”扛出巨幅《天地氤氲系列》，最近又创作了一批在他看来是“小画”的《散物系列》，这一系列推进性的作品，可以看出他的发展基础和趋势。明显的，方土在艺术观念上自觉不自觉地赞赏并追求着吴昌硕式的“大”和“重”，“星河展”的作品可以清晰地看出这种痕迹。当然，从观念到笔墨，这样的起点相当高，而作为南人的方土能有这种“大”“重”的自觉更是非同一般。在吴昌硕的背后，支撑着的是汉碑的精神、大唐的气魄，因此，吴昌硕的笔墨分量和构图气势，始终爆发着巨大的能量，使你感觉到并为之激动不已的是一种人格精神。方土聪明之处在于从这样的起点出发，他并不因吴昌硕的炫目光辉而忘却了自己的存在，而是机智地避开他的光芒，从更为开阔的领域去寻求他的“大”和“重”的养分。我个人比较欣赏他的“天地氤氲系列”作品，这是他艺术思想的一次突破。这突破建立在他的机智上。这个阶段，他寻求着一种朦胧、混沌、奇诡，甚至瑰丽的“大世界”“大宇宙”。也许是无意地与庄子、屈原的畅达开阔的思维及奇妙驰骋的想象接轨，使他的“大宇宙”空灵起来。而马格利特、卢梭的某种神秘感从另一侧面给予他思维的现代感和紧张感，因此，《天地氤氲系列》借助于奇诡的想象，将天地万物共同构成的永恒关系自由地表达出来。天地万物永恒的定则关系一经具体的体现，则多少带有神秘和紧张感，在永恒与具体之间存在着永远无法解决的错位与紧张的关系。在方土的这个系列作品中，不自觉地流露了这种不安和焦虑的心态。但是，方土也许更多地想有意将这具体的紧张关系和焦虑

天问·之二 246cm×125cm 纸本设色 2017

惊蛰·之一　245cm×125cm　纸本水墨　2017

的感觉引向老庄式的永恒宁静，那只梦魇般的“红鹰”最后飞向清梦一样花开花落的境地；由欲望长出的花朵，奇倔古怪的造型，最终被置放于一个安详渺远的宇宙空间。当方土走到这样的一步时，心境中期望的是“天地氤氲，万物由生”的无为而为的自由境界。他从个人欲望和情绪扩张的边缘回归到我们这个永远无法挣脱、永远如此迷人的宏远的观念定则之中。

方土近期创作的《散物系列》，明显的，是《天地氤氲系列》的继续，有着一定的推进倾向。它将在《天地氤氲系列》中产生的观念趋向进一步地朝着极致化发展，紧张感的分量正在消失，“八大”的个人情绪和符号已经被转化为天地精神，在通透滋润的水墨中画家的灵性与宇宙接通，走向精神的空灵。

如果说方土的艺术观及其作品根植于中国古典美学和哲学，侧重于中国古典宇宙观的阐释而又时常流露出个人情怀的某种矛盾的话，那么，他的艺术表现技巧则更多地来自他对传统水墨媒材和笔墨趣味的直觉把握上，甚至可以说达到了材料的自觉。

说方土有才气，主要一点是他对笔墨感觉和宣纸毛笔有着特殊的敏感和特殊的自觉能力。他说他对宣纸毛笔感情很深也很特别。当他触摸宣纸、抓起毛笔、蘸到那水水墨墨，头脑中的形象一下子便活跃起来，生生不息，涌向笔端。我想，石涛“一画”论也可一解为对材料的自觉，由“一画”而生发万物，生发对万物的感觉。近期，艺术理论研究对“材料自觉”问题关注甚多，尤其现代艺术创作已由“材料自觉”走向材料语言的建构。其实，“文人画”的产生及完善很大成分是来自画家们逐渐的“材料自觉”过程，对宣纸、水墨特殊性的深刻体悟和把握，推演出笔墨趣味及其文人画观念。因此，在中国（水墨）画走向现代的进程中我们所遇到的最尖锐的难题是我们如何在不失水墨特质的同时转化这种由水墨自觉所带来的观念转换。方土艺术创作的出发点并不在于去试图解决这样的难题，他更多的是在原有的材料自觉基础上去冲击水墨表现的审美局限，使他的水墨表现达到一个更高的审美层面。假如说他的《天地氤氲系列》还处于观念的

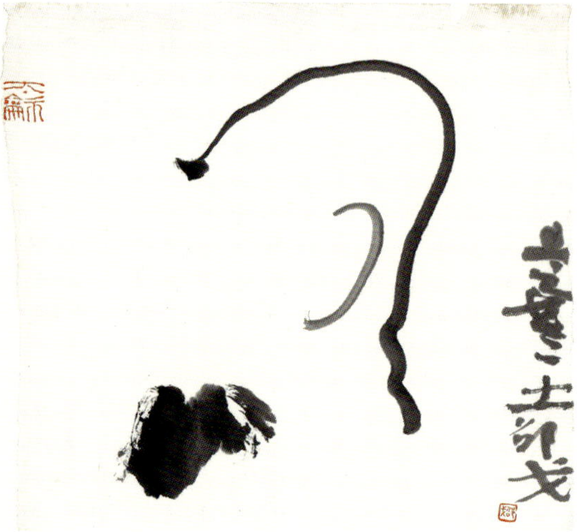

邵戈　方土像　35.5cm×38cm　纸本水墨　2012

突破和表达的话，那么“散物系列”已经将水墨的表现推进到圆融恣肆的境地，甚至有着这样的苗头：令观者激赏沉迷于他的笔墨表现（也许他也同样沉迷于这样的表现）而忽略了在这笔墨背后所应具有的丰富复杂的内容。不过“散物系列”始终保持着方土对画面的气与韵独特把握的长处，在泼辣恣肆的笔墨运作及构图策划中，中国画所突出强调的气势、气机、气韵已成了方土自觉追求而不自觉完成的风格特点。

应该说，方土的整个艺术追求建立在水墨在自觉基础上，无论是他对“大”和“重”的选择，还是迷恋于恣肆的空间表现，或是趋向于精神的空灵境地，其逻辑起点是水墨情结及对水墨的颇有才分的感情和把握。就目前看来，方土的盲点和难点仍在于前文所提及的这类画家所共同面对的悖论。因此，在方土的这几个系列作品中，不难发现，其不彻底的个人主义倾向与理想中的达观心态在对峙中相互抵消，在抵消和冲突中确认其当代的意义和地位。这就是那些勇于冲破和超越传统的“后传统型”艺术家在当代的独特位置，这也是我选择方土来作阐释的课题价值。

我所感兴趣的是：我们需要更多地深入的了解、解读、对话以及更多的真切的批评。这就是我们的“自觉”。

惊蛰·之二 245cm×125cm 纸本水墨 2017

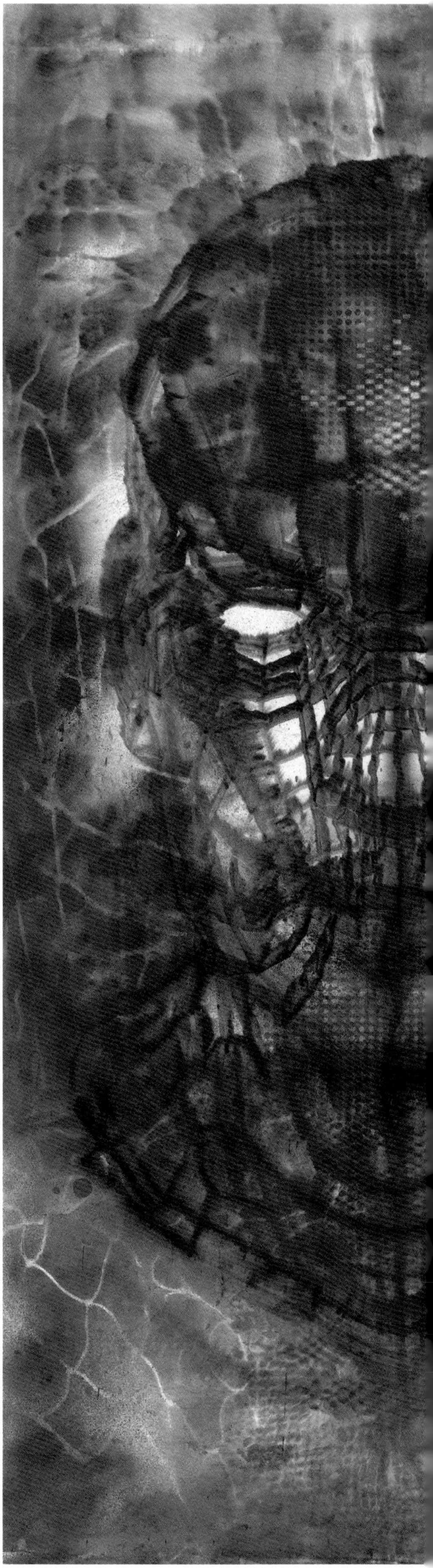

3D打印　244cm×122cm×3　纸本设色　2020

对影　192cm×250cm　纸本设色　2021

吴哥的微笑　220cm×145cm　纸本设色　2020【右页图】

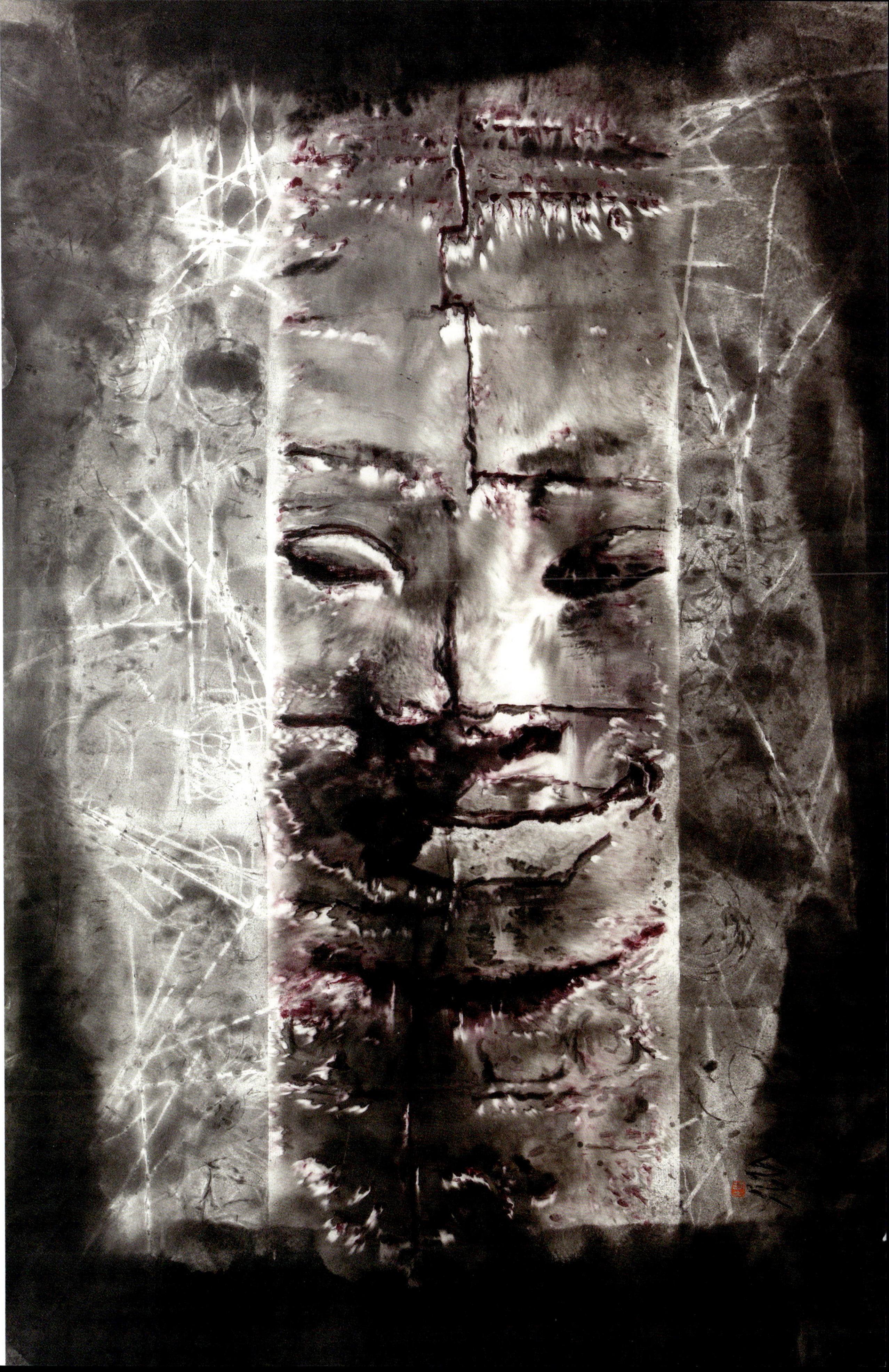

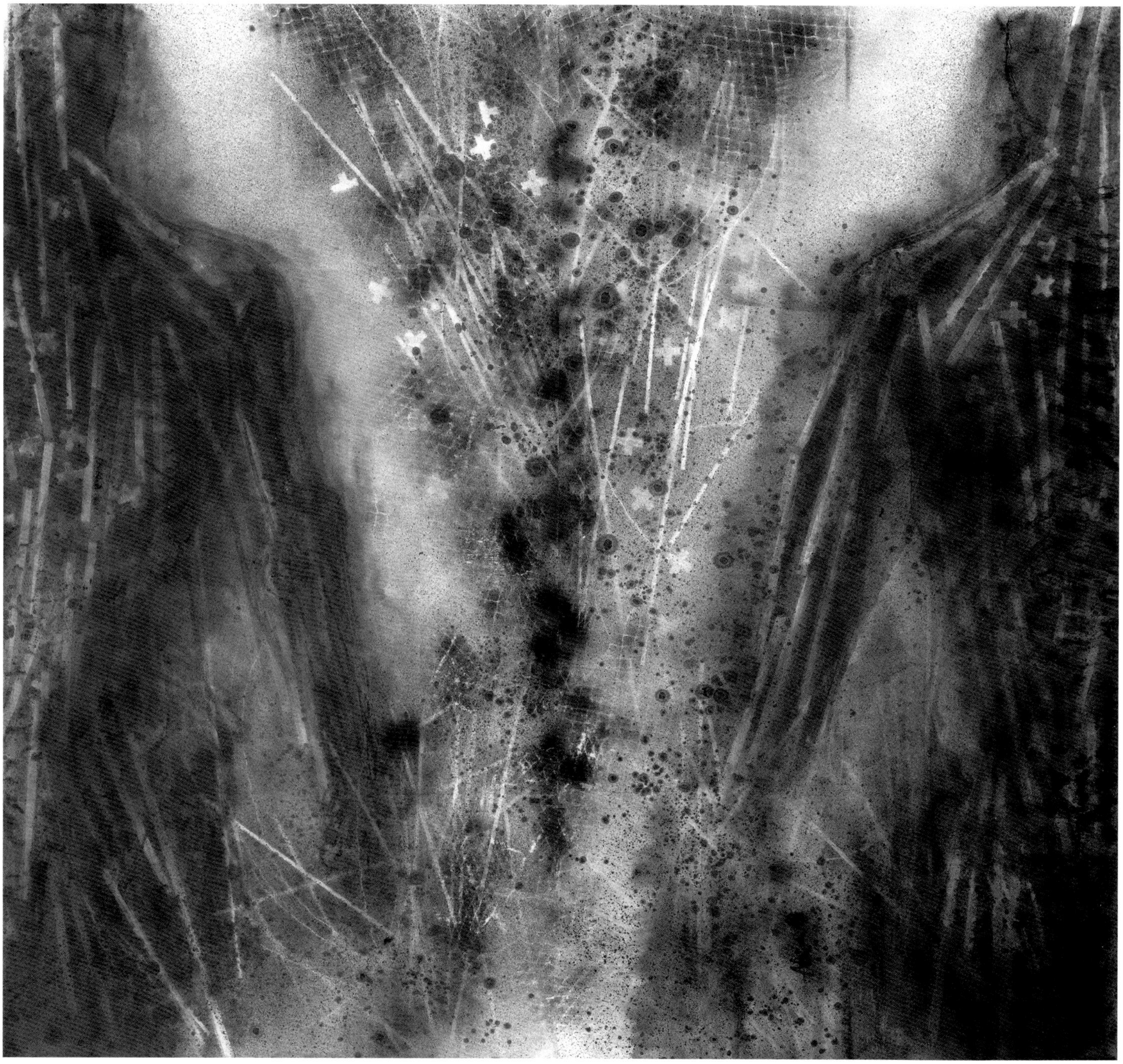

送瘟神·之一 180cm×194cm 纸本水墨 2020

送瘟神·之二 180cm×194cm 纸本设色 2020

送瘟神·之三　180cm×194cm　纸本设色　2020

送瘟神·之四　180cm×194cm　纸本设色　2020

送瘟神·之五　180cm×194cm　纸本设色　2020

送瘟神·之六　180cm×194cm　纸本设色　2020

岁月荏苒

（创作）

鄉村木匠

面对艺术，保持好奇

——评方土艺术创作兼谈中国画创新

文／李贺

说起方土，在中国画坛耕耘了30余年的他，近年来在全国画界颇有影响力。

早在1986年他20出头即将离开美院就已崭露头角，其毕业展上的四条屏被业内称道至今，据说当时被评为“让人看到岭南画派发展的可能性”。

30年里，他从花鸟到山水，从山水到人物，从师古到实验，从实验到创新，可以说步步领先，并以敢闯敢言著称。20世纪90年代他举起“实验水墨”大旗，到新世纪初他虽然不再给自己贴标签，但初衷未改。他敢于从自己画熟拿手的内容里跳出，不断尝试新画法、新领域，他曾经说：艺术要表达思想要表达情绪，有的人一辈子都在画他熟悉的东西，画法纯熟、画技精湛，可是除了形式美，作品里看不到他的思想、他的情绪、他的进步。

其实作为一个画家来说，也许最怕的是沦为画匠，为什么吴冠中说100个画家也顶不上一个鲁迅，因为你创作一个作品，最关键是要表达你的思想、表现内容，而不仅是美。

还有一点很重要的是风格！一个艺术家的作品摆出来，如果不能让人看一眼就知道是你的作品，那不能叫成功。

我们如今的艺术家都相当自恋自负，不是说艺术家不能自恋自负，但是听不得别人说自己的缺点、不愿意听别人作品的优势，文人相轻，眼里口里都只有自己，这就不好。方土这一点特别值得夸赞，即使是一个外行，对他的作品表示不那么欣赏和喜欢，甚至当面说他作品的表现力有限，他都心平气和地接受，对一个已成一方大家的他来说这着实不易。可见其宽容的美德，也可见其对艺海无涯的追求。这与在公开场合、面对领导和权威敢言的那个方土互为对比，他对普通人反而是宽容和虚心的。

我接触过一些艺术家真的每天都在钻研画艺，练笔，由此对外界的事情和新

乡村木匠　180cm×145cm　纸本设色　2007【左页图】

闻不感兴趣。可是方土不同，他甚至能听一个实习生跟他大谈美国大选内幕、听一个文学青年谈诗歌，听得津津有味，我不知道这是他的尊重还是他真感兴趣，无论是哪一种都表现了一个艺术家的好奇心；而我想，他在艺术上的孜孜以求、对不断创新的尝试，也正是建立在这样的好奇心之上。方土在面对艺术、面对世界、面对社会，都保持着一颗童心。这对一个艺术家是十分宝贵的。

近年来很多人对方土的印象都停留在花鸟画、梅兰竹菊和四条屏上，原因之一在于花鸟画太受国人欢迎了，所以方土在市面上流通的作品、拍卖成交的作品，甚至捐给慈善机构的作品和朋友迎来送往的作品都是花鸟画、四君子图为主；原因之二在于方土对画兰的热爱已经到了一日不画不欢的地步，十几年前有一位艺术鉴赏家就评价他说：以方土的资历和年龄还在每天画兰草，而且不是那种养在花盆里纤细有型的兰，他画的都是山里的野生兰草，毕竟让人有些不解，因为千百年来中国文人就在画梅兰竹菊四君子，画兰不易超越、更不易画好。可是，什么也挡不住热爱，随着年龄的增长，方土似乎越来越爱画兰了。

其实方土的作品远不止于花鸟，即使是花鸟，他的作品也在不断地创新，十几年前他创作的《心影系列》就是对传统花鸟画的水墨创新，20世纪90年代的代表作《天长地久》是那个时代实验水墨的优秀作品，屏风前的实木藤椅、花瓶，全部融入画面，混沌中透着精致，表现出画家恍惚的一瞬间。他的另一代表作《昔日》截取生活中一个画面，画法细致入微，把国画画出一种写实油画的效果。

方土的作品远不止于花鸟，他的山水画也自成一格；其长卷雄浑、伟岸，画面里透出一种神秘的气息，让观者进入深山不见人，密林遮天蔽日，即使大白天也感觉天色幽暗；与历史上中国画的奇绝、孤高、空灵不同，它徐徐拉开、引人

信念　195cm×195cm　纸本设色　2007

人胜，完全用墨色（而不是用线条）营造空间、布局画面，并且只用墨色就能达到一种独特的表现力；他的山水如同他的花鸟画一样，个人风格浓厚，黑魆魆灰蒙蒙（有时套一点青色）的墨色尤其透着潮汕鬼才、海边仙山的气质，一看即知是谁的手笔。

方土的一系列人物画，包括其代表作《热风》《天高云淡》《好榜样》《六祖慧能》《岁月如歌》都采用点墨画法，结合了油画人物的画法，比西方油画更进一步的是，方土笔下的人脸只是黑白灰三色构成。在他笔下，人面不是一种均匀的颜色，不是素净的，而是由墨色构成，饱含了岁月沧桑的痕迹，承载着无限的表情和复杂的内心世界。他笔下的《我和你》《赶上好时代》《老伙计》这些反映老年人生活的作品都是来自生活，有他自己父母亲的影子。

方土很多优秀的作品是那些写生小品，信手拈来，他画写生已经完全放弃了炭笔，都是直接用毛笔，他自己说：他画画不喜欢打草稿，他追求一气呵成、可

岁月如歌　200cm×179cm　纸本设色　2014

遇而不可求，所以他没有一幅画是一样的，因为不可复制；每次写生归来，他会做一些筛选，筛选之后的作品每一幅都灵气四射，比如新疆、西藏的老汉、小伙儿、姑娘，海边渔民的生活小景，身边的园林小景甚至街头小景、山水一角。方土画了那么多写生小品，而不是像有的画家那样跟着市场走，画大画、画扇面、画牡丹、画山水……他有自己的追求，跟着自己的心在走，他曾经说过：他认为画画最好的境界是，能达到见到什么都能画，我手写我心。

他的小品还有小古人系列，似关良又不似关良，除了一些民俗生活，他的小古人系列更多是追求哲理性甚至佛理禅宗，掺杂着他自己的人生体悟，建议方土把小古人分成两个系列：民俗、禅宗，并继续画下去。

其实方土作品中最令我震惊的很少为外人道的人体水墨作品，他的水墨人体从20世纪90年代的《洄墨手稿》系列到有标题的《伦》《散》《物》《照》再到无标题的《人体》系列以及今年最新的人体写生，大致可以分两类，一种以毛笔线条为主，寥寥数笔勾勒出生动的人体，一律省略五官面庞，只在笔墨间描绘其动态；另一种是泼墨式，人体从墨迹中呼之欲出，似乎要挣脱平面束缚从淋漓墨色中钻将出来，这部分没有线条，全凭墨意，画法淋漓恣肆，似天然形成一般鬼斧神工。观者可从黑白两色间分辨出女体及溶于墨色的背后的男体。这部分作品是最让我惊艳的部分，恕我孤陋寡闻，当今诸多现代派、实验派作品中均未见此种画法，其大胆酣畅、其作品中蕴含的激情，前所未见。这些作品我觉得是跨越了中国画，也跨越了古今中外一般技法，直接用水墨与今日世界艺术接轨和对话。其创新性可媲美立体派之于印象派、印象派之于古典派，是革命性的变革。

作为一个十岁就开始立志成为画家、二十几岁（大三）就把花鸟工笔画好、出去写生就能现场画一幅人物油画的老手，创新是他的责任，也是他的必然。希望更多的人敢对传统中国画下手——西画发展至今从古典主义已经翻了多少页面、经历多少流派了，中国画难道还停留在宋元古画、石涛八大？那是美术史，那是博物馆，那也可以是收藏家，唯独不是今日国画家的创作。

“大音希声，大象无形”
——读方土《长征·军娃·故事》系列

文／罗一平

站在方土的近作《长征·军娃·故事》系列的前面时，面对那一幅幅充满悲情意识的画面，我最大的感受就是“大音希声，大象无形”。“大音希声，大象无形”是老子对“道”的阐释，其意为，最大的乐声反而听起来无声响，最大的形象反而看不见行迹。“无声”“无形”本来是虚空的东西，谈不上“大音”“大象”。之所以“大音希声，大象无形”，是因为至美的乐音，至美的形象已经没有任何人工雕琢的痕迹，美到了和自然浑融一体的境界，其意在言外的妙处，反倒给人以无音、无形的感觉。

方土《长征·军娃·故事》系列的创作缘起于2005年广州画院组织的一次创作采风活动“重走长征路”。作为广州画院的院长，方土认为，对每一个艺术者来说，关心社会、关心历史、关心政治是艺术创作的一个原则，而这一原则，正是广东省美术工作者的优良传统。然而，近些年来，由于各种因素，导致表现革命历史题材和现实题材的主题性创作愈来愈少。基于这一认识，值中国红军长征70周年之际，他发起并组织了“重走长征路”的艺术采风活动，期望通过这种集体性的主题性创作，重新点燃广东省画家主题性创作的热情，激发“艺术家把重走长征路的所见所闻用自己的画笔，用高涨的热情描绘下来，把个人对社会、历史、文化的思考糅和在创作之中，为‘长征之路’建立一个视觉文本，并把它作为一份宝贵的财富留给下一代”（广州画院“长征路上”采风创作展序）。在这次采风的路途中，他遇见了十余位当年的红军老战士。面对这些当年生龙活虎的为共和国打江山，现今“尘满面，鬓如霜”的革命“军娃”，一股悲情意识霸占了方土的全部情感。他后来和我说：“心底里有一股热血在涌动，觉得不把他们画出来，良心过不去。”

艺术创作，情感冲动是一回事，用语言将其完美地表现出来又是一回事。对

军娃·故事系列No.1 180cm×120cm 纸本设色 2005

军娃·故事系列No.2　180cm×120cm　纸本设色　2005

于艺术语言的运用，方土有自己成熟的思考。

在看完这批作品后，我和方土曾有一番谈话。我问了他几个问题：一、你在读书时是学花鸟的，本科毕业创作《岭南花果》四屏即倍受称赞并作为优秀毕业作品留校，以后的许多花鸟画作品都获过多种大奖。比如2004年，《人类的朋友》获第十届全国美展优秀作品奖；2005年，《梅兰竹菊》四屏又在中国美术家协会主办的“首届中国写意画展”上，获本展最高奖项——优秀作品奖。这次是什么原因使你选择了以人物画为题材创作《长征·军娃·故事》系列？二、你是中国实验水墨的一员干将，是什么因素让你从花鸟转向抽象的试验水墨，又是什么因素使你从抽象的实验水墨转向了写实人物画创作？三、《军娃》系列为什么仅画老战士的头像，而且像罗中立的《父亲》一样采用了大尺寸，仅是为了获得一种视觉震撼的效果呢，还是想最集中地表现出你从“军娃”脸上读出的那种悲情意识？

对于第一个问题，方土回答道：在中国画人物、山水、花鸟三大画科中，花鸟画堪称是“全因素”表现技巧的宝库，它不但是勾线填彩技法的大本营，而且也是水墨写意的发源地。中国绘画语言技巧表现之能事，几为它一网打尽。尤其是其图式构成的抽象性，更是符合中国哲学以“虚”言“实”，以“有”证“无”的精神。他在创作本科毕业作品《岭南花果》四屏时，最大的收获是解决了进入“创作状态”的问题。进入创作状态，意味着不是简单地写生性地描绘眼中所见之物，而是能以一种构成的手段，审美化地表现出心中的抽象意识。他说：“花鸟画与传统联系得比较紧密，对传统媒材的认识和对传统语言的熟悉，画花鸟比较直接，通过它可以对把传统琢磨得更透彻。《梅兰竹菊》四屏就是

军娃·故事系列No.3　180cm×120cm　纸本设色　2005

曹溪法乳　180cm×97cm　纸本水墨　2011

这种思索与实践的成果，它的创作使我对中国画的空间形式和水性获得更深的理解与认识。”至于为什么选择以人物画为题材创作《长征 · 军娃 · 故事》系列，他说：“完全是基于这些老战士身上透出的一种悲情意识。在他们的身上，我读到了崇高，感受到了肃穆。而这种感受用花花草草是无法表现出来的。”方土认为，悲情意识的“悲”不是单纯的悲，而是同生活理想、社会理想相联系，有深沉的社会内蕴；它不是悲观的悲，而是内中又具有昂扬的乐观主义精神。具有悲情意识的人物有两个方面的精神实质，一是人物的现实趋向遭受挫折和压抑，另一个是人物在不公正的社会现实中而进行的自我精神肯定。“军娃”则是兼具这两种类型的悲情人物。他们是坚定的执着于精神的“硬汉”，在历史和现实中始终保持“军娃”的尊严和逆境的风度。他们为革命事业而英勇献身精神，以及在漫长岁月间所承受着生活巨大苦难的坚韧毅力和乐观的精神，显示出了人生永恒的价值和生命的意义。其悲壮的命运，非凡、崇高的气魄令人震撼。方土非常想把自己感受到的这种震撼表现出来，这促使了他选择了以人物画为题材。

对于第二个问题，方土的回答是：在工业化、信息化时代的今天，现代科技的迅猛发展使艺术家对时间、空间的理解有了新认识。中国传统绘画固然伟大，但这种伟大都是在一定的历史背景下产生的，如果总是无限制的纠缠传统，很容易丧失掉自己对本质生活的热爱，很难将自己内心想要表达的那种本能和热情表现出来。因此，如何“求新”“求异”“求变”，极力探求一种更贴切的形式和手段去画自己的感觉，促使了方土从传统题材转向了当代实验水墨。他在接受媒体采访时曾说过：“在全球化的今天，中国艺术家必然地会受到西方艺术观念的影响。这种观念与中国传统的绘画观念之间存在着矛盾，而这种矛盾正是当代艺术家必须思考

好榜样　224cm×193cm　纸本水墨　2012

的。这是我转型的一个主要原因。”方土认为，社会环境和生存环境发生了急剧的变化，一个有责任感的画家不能对此视而不见，而是要积极地将这些不断涌现的新现象通过艺术反映出来。方土的实验水墨创作充满了睿智与激情，他视实验水墨创作为“登高望远”，视花鸟创作为“闲庭信步”。他将花鸟创作和实验水墨创作两者作了有机的互补，从观念出发，探索了中国绘画语言点、线、面、干、湿、浓、淡的运用，以及作品如何以抽象的形式表达出一种社会批评的现代性意识。因此，方土的实验水墨作品有一种豪放的气度和自由洒脱的情趣。他用泼辣恣肆的笔墨去构筑、营造、凸显中国画所强调的气势与气韵；用朦胧、混沌、奇诡的想象，将天地万物共同构成的永恒关系自由地表达出来。他的画面恢宏、博大、厚重、浑茫，无论是在心灵还是在视觉上都能给人以震撼。至于为什么又由实验水墨转向人物画，他说：“自己的艺术生涯由可说是四个阶段构成，第一个阶段是广美本科学习时对造型基础的训练；第二个阶段是通过花鸟画创作以熟练地掌握笔墨语言；第三个阶段是实验水墨，在思想上主要是加强自己的抽象意识和社会批评意识，在语言上主要是实验传统水墨语言如何与现代意识融合。”这次创作《长征·军娃·故事》系列应属于第四个阶段，目的在于整合前三个阶段的艺术探索。他认为水墨人物画是一种很高的绘画方式，更能体现作品的深度、高度和厚度，更能表现出一种时代精神，而这也是时代的召唤。

2012年创作《好榜样》

对于第三个问题，方土说，《长征·军娃·故事》系列之所以仅画老战士的头像，是想最集中地表现出“军娃”的那种悲情意识。至于像罗中立的《父亲》那样采用了大尺寸，是想以大尺寸强化悲情意识对读者心灵的震撼力。方土的实践获得了成功，作品显现出了他作为一个出色实验水墨画家的优势。他在180cm × 120cm的巨型画幅上，没有采用传统中国画以线造型的手法，全以水墨完成了对人物的形神塑造。由于方土在花鸟画创作和实验水墨创作中解决了以墨块造型的问题，这就使他在创作这一系列时用墨游刃有余，作品的每一笔均看似无意为之，信笔写来，却有着极丰富的内涵。在一团团粗犷的墨块下，既表现了人物内在心灵流动着的极其深沉的节奏，宛然炽热的火山熔岩，也体现出作者将传统笔墨与现代语汇交合在一起的能力。同时，作者在创作中有意地控制了自己的感情，尽量使自己与作品保持一定的距离，画得冷静而不露声色，用“有声”写“无声”，以“有形”写“无形”。作者将一种“火山熔岩”般的创作冲动控制的含蓄蕴藉，这一中国儒家中庸哲学思想的艺术处理，使作品意象一如中国古典美学中的“乐而不淫，哀而不伤”，因而笔下人物的悲情意识塑造得极为深沉和含蓄，而读者却分明能体验到作者深厚的情感。又由于作者只画头部，人物的动势均不大，因而人物的神情绪呈现出一种寂静肃穆的状态。方土以人物外形动态相对的“静”写心灵深处的“动”，进而烘托出所绘人物的那种对命运不屈不挠的坚韧精神，这就使悲情意识的描绘呈现出一种对立统一的悲壮而崇高的风格，从而扩大和深化了《长征·军娃·故事》系列的内涵。

好画如诗，即便是描绘革命历史题材的作品也是如此。唐代诗评家皎然在《诗式》《诗议》中具体地论述了诗歌的意境，认为诗境要具有象外之奇，言外之意，“但见性情，不睹文字”。他提倡诗歌要率真自然，无生化成，无人为造作痕迹，“至丽而自然，至苦而无迹”。也就是说，好的诗歌读起来要清新自然，丝毫看不见人工雕琢的痕迹。方土的《长征·军娃·故事》系列正如皎然所论述的好诗一样，具有晚唐司空图所说的“象外之象、景外之景”“蕴外之致、味外之旨”的意味，呈现出一种“大音希声，大象无形”的境界，读来有一种咀嚼不尽的韵味。

夕阳山外山　193cm×97cm　纸本设色　2012

天高云淡　224cm×182cm　纸本水墨　2012

甘南早晨 193cm×97cm 纸本设色 2012

老艺人 200cm×193cm 纸本水墨 2009

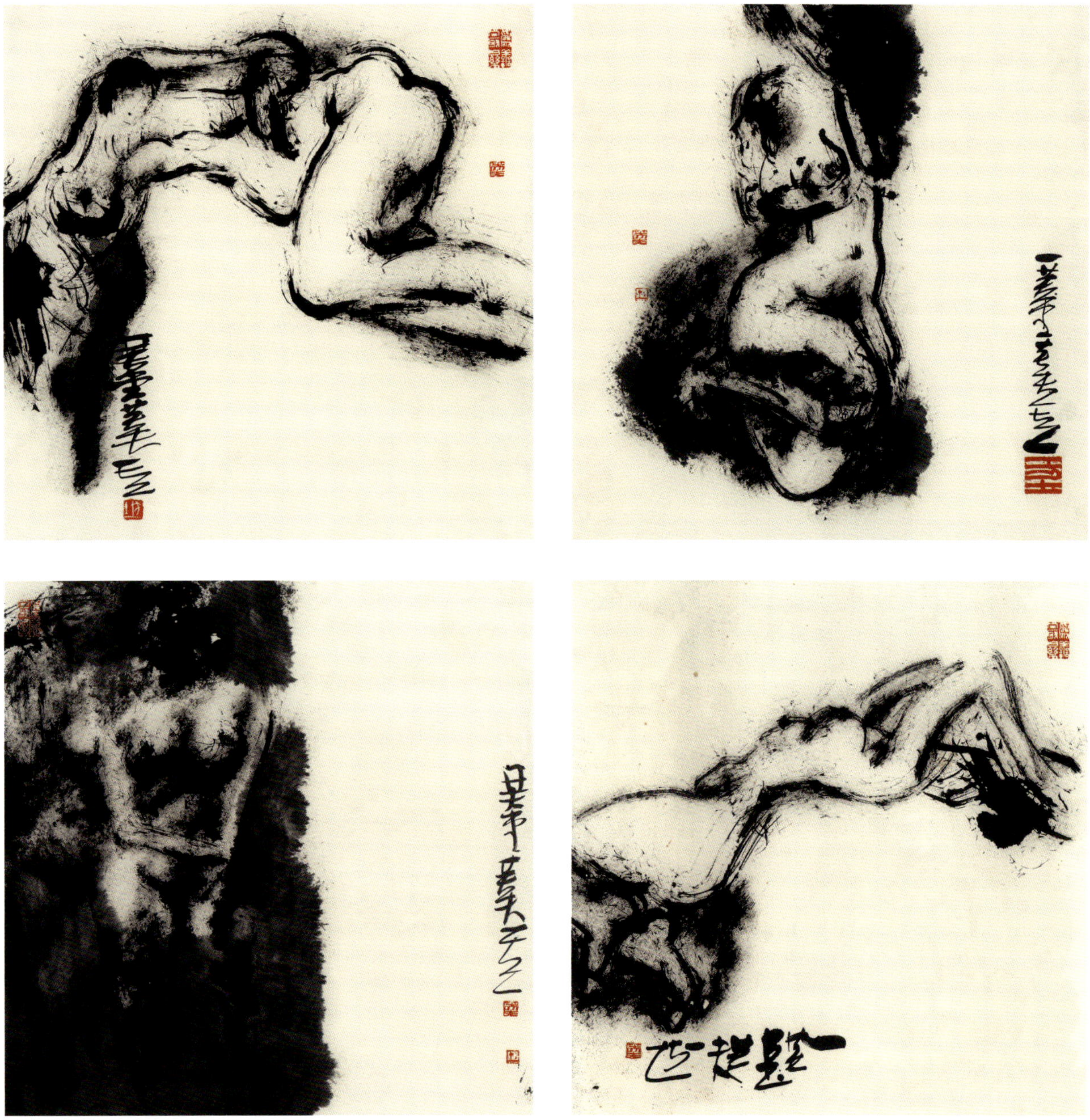

洄墨手稿系列　68cm×68cm×4　纸本水墨　1993

方土与艺术三境界

文／春来

我与方土相识时间不长，可是缘分甚深，自诩对其了解十之一二，愿我在此浅浅道来。

曾经读王国维的《人间词话》，对他所提出的“人生三境界”感悟颇深。艺术永远是相通的，文学与美术也好，哲学与美学也罢。细细品味之后，觉得用它来说方土或者一个艺术家的一生，最为合适。

第一境界是“立”。“昨夜西风凋碧树，独上高楼，望尽天涯路。”诗的本意不再赘述，引申到人生，说的是“理想”，即树立一个人生目标。

在我对方土的访谈之中，方土告诉我他就是为艺术而生，正是因为对艺术纯粹而真挚的热爱以及自身过人的天赋，他在那一届众多艺考生中脱颖而出。从小苦学画画的他胸怀大志，再加上青年人独有的傲气狂气和朝气，方土的人生使命从此确立。

“立”是一个艺术家生命的开始，方土自此也步入艺术的殿堂。

第二境界是“守”。“衣带渐宽终不悔，为伊消得人憔悴。”柳永的这一句诗，说的是：一旦确立了目标，在追逐的道路上就要全力以赴。哪怕是求之不得，哪怕为之消瘦疲惫，也要坚持理想，继续追逐，无怨无悔。就像屈原在《离骚》中所言：“亦余心之所向兮，虽九死其尤未悔”，只要是我心中追求的东西，死很多次也决不后悔。

当然，方土的努力、才华和天赋，再加上当今时代的包容和鼓励，他不可能像屈原一样用“死”来表达对崇高境界的追求，而是通过勤勤恳恳的学习、不断感悟学习和改进来使自己的人生道路更加平坦而宽敞。方土给我分享了很多年轻

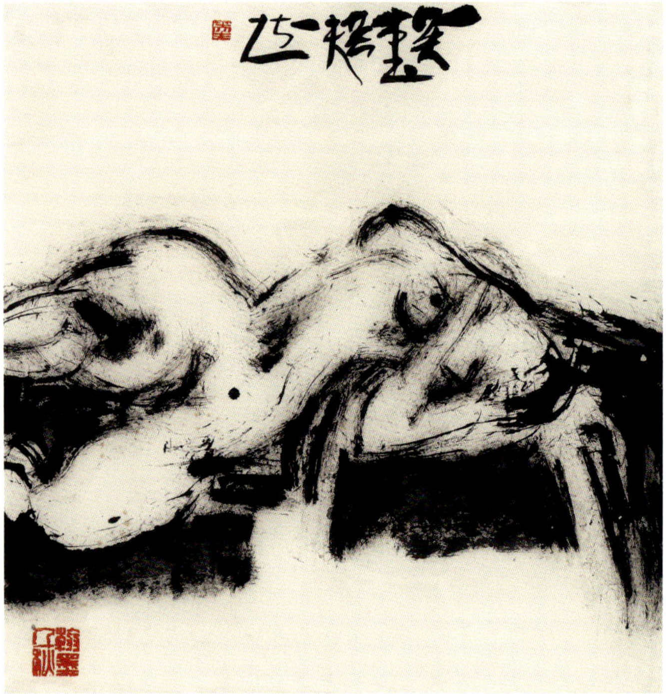

洄墨手稿系列　68cm×68cm　纸本水墨　1993

时候求学的趣事，其中不乏因年轻气盛而走的弯路，可是：只要经历，就是人生。人生的美好恰恰在于追求梦想的过程。

第三个境界是“得”。“众里寻他千百度，蓦然回首，那人却在灯火阑珊处。”辛弃疾这一句写的是对情人的追求，投影到人生，道出“足够的积累后，量变成为质变，不经意间已经追逐到了”的道理。

我想，一个艺术家成为艺术家，绝对不是因为他“想”，而是他“能”，绝对不是步步为营、时时计划，而是在化“艺”于心的过程中忘记一切功利的目的，回首猛然发现：原来得“道”，并不艰难。

方土得道多年，某一刻我突然觉得他身上竟然还留有最初浑然天成、质朴而不经雕琢的那一部分。也许这就是艺术最纯粹的部分。一张画在那里，我们发出的只是感慨和赞叹，一切噪声过去之后，才能从不经意的一笔抑或是无可言说的“感觉”之中感受到作者多年积攒的功利、无数量变幻化成质变的巨大力量。

无可置疑，这是一个不很纯净的世界，艺术圈也不免鱼龙混杂。但是我相信方土绝对是纯粹的一笔：每一幅画都是扎扎实实的功底、每一个头衔都当之无愧。

方土告诉我：人生的每一个阶段都可以是必要而充实的。没有哪一刻能被荒

人体系列 136cm×68cm 纸本设色 2010

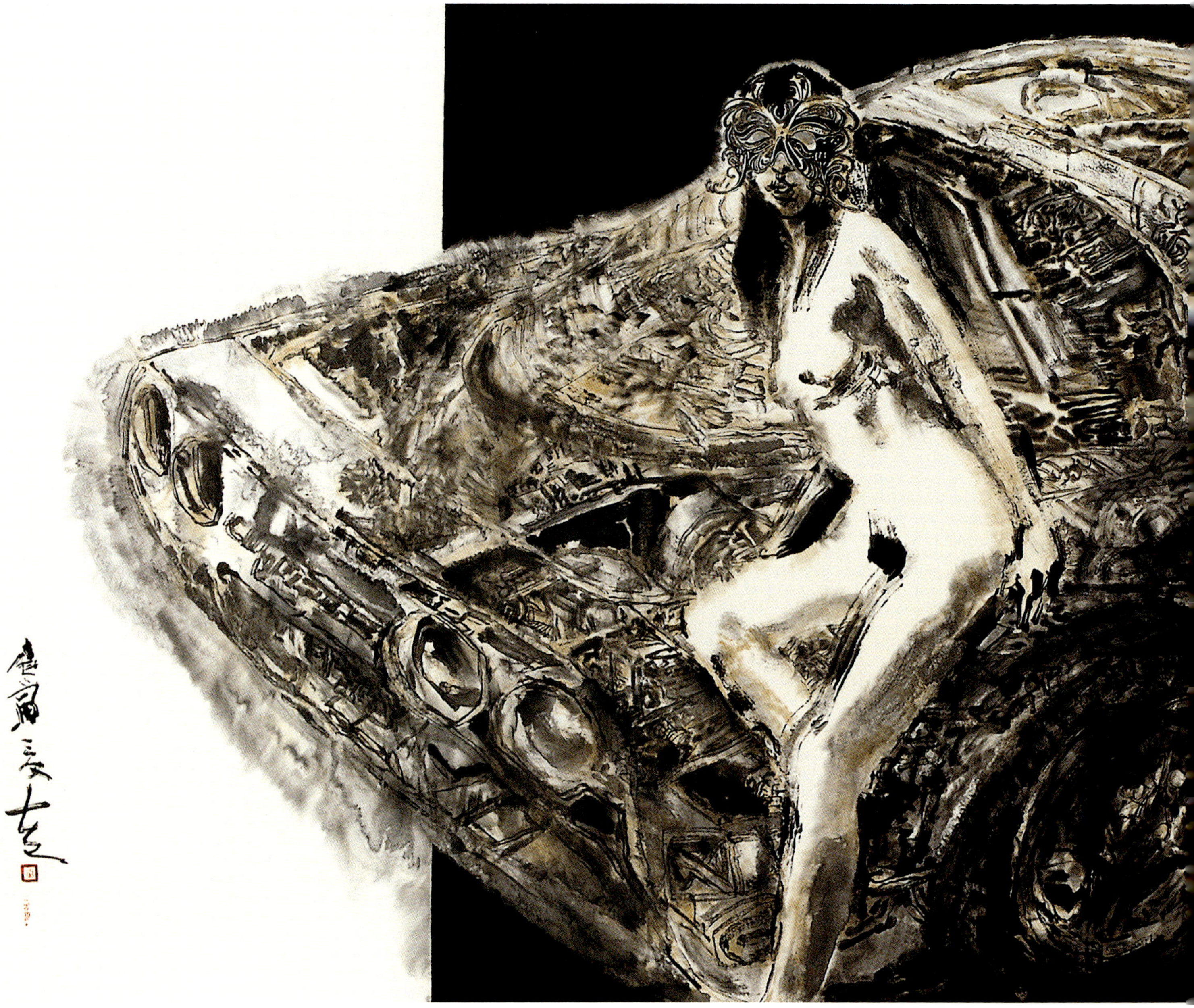

另一角度　144cm×367cm　纸本设色　2010

另一氣度

度，没有哪一秒不值得珍惜。青年有青年的美，中年有中年的美，老年亦有老年的美。人生的每一个部分都是最美的年华。

所以，不是说第一阶段就“俗”，第三阶段就“高”。这三个阶段是方土所经历，是每一个艺术家所必须，也是每一个有人生目标的人所追求的过程。唯有其一，方得二三。

当今，时代在发展，人类在进步，我们对艺术更加包容，艺术与生活也更加贴切。艺术家的使命从来都不是把工作当成唯一，而是用勤恳而纯粹的心不亏己心，同时为人创造美。

我们都知道，方土是中国美术家协会理事兼中国画艺委会委员，中国画学会常务理事……可是，除此之外，他曾经也是一个纯真的孩童、一个狂气的少年、一个敢于追梦的青年人。就当下，他也是一位好父亲、一个称职的好丈夫。

一个艺术家面前的灵感和功力，离不开背后自己的家庭、良师益友，甚至是不可多得的知音。一个艺术家的纯粹与追求之后，一定是他独特的人生经历作为基础和支撑。

唯有如此，艺术才不至于空洞、艺术家的形象才不会缥缈而片面。

这是一个浮躁的时代。工业化和智能化带动了生产力的极大发展，可是文化和艺术的推进从来都不是一举而得。人们的心中，艺术往往被低端化和边缘化。可是我相信在一切躁动都平静下来之后，人们能重新审视：是什么造就了我们的灵魂？

2019年于西安

（春来，原名张文秀，2003年生于西安。）

洇墨手稿系列　68cm×68cm×6　纸本水墨　1993

人体系列 136cm×68cm×2 纸本水墨 2009

人体系列 136cm×68cm×2 纸本水墨 2009

非洲记事　193cm×503cm　纸本设色　2008

廣州起義先驅周文雍

時任起義革命軍事委員兼工人赤衛隊總指揮

江山回响·之一　120cm×120cm　纸本设色　2007

江山回响·之二　120cm×120cm　纸本设色　2007

战狼　229cm×145cm　纸本设色　2017

抗疫战士 230cm×109cm 纸本水墨 2017

引路人　205cm×148cm　纸本设色　2019

信仰之炬　214cm×179cm　纸本水墨　2019

武汉告急　68cm×136cm　纸本水墨　2020

黄河回响　220cm×190cm　纸本设色　2020

亘古·之一 138cm×70cm 纸本设色 2020

亘古·之二　138cm×70cm　纸本设色　2020

皈依　195cm×192cm　纸本设色　2020

祈福天下　160cm×220cm　纸本设色　2020

大慈大悲　145cm×360cm　纸本设色　2020

大慈大悲

六字真言　145cm×360cm　纸本设色　2020

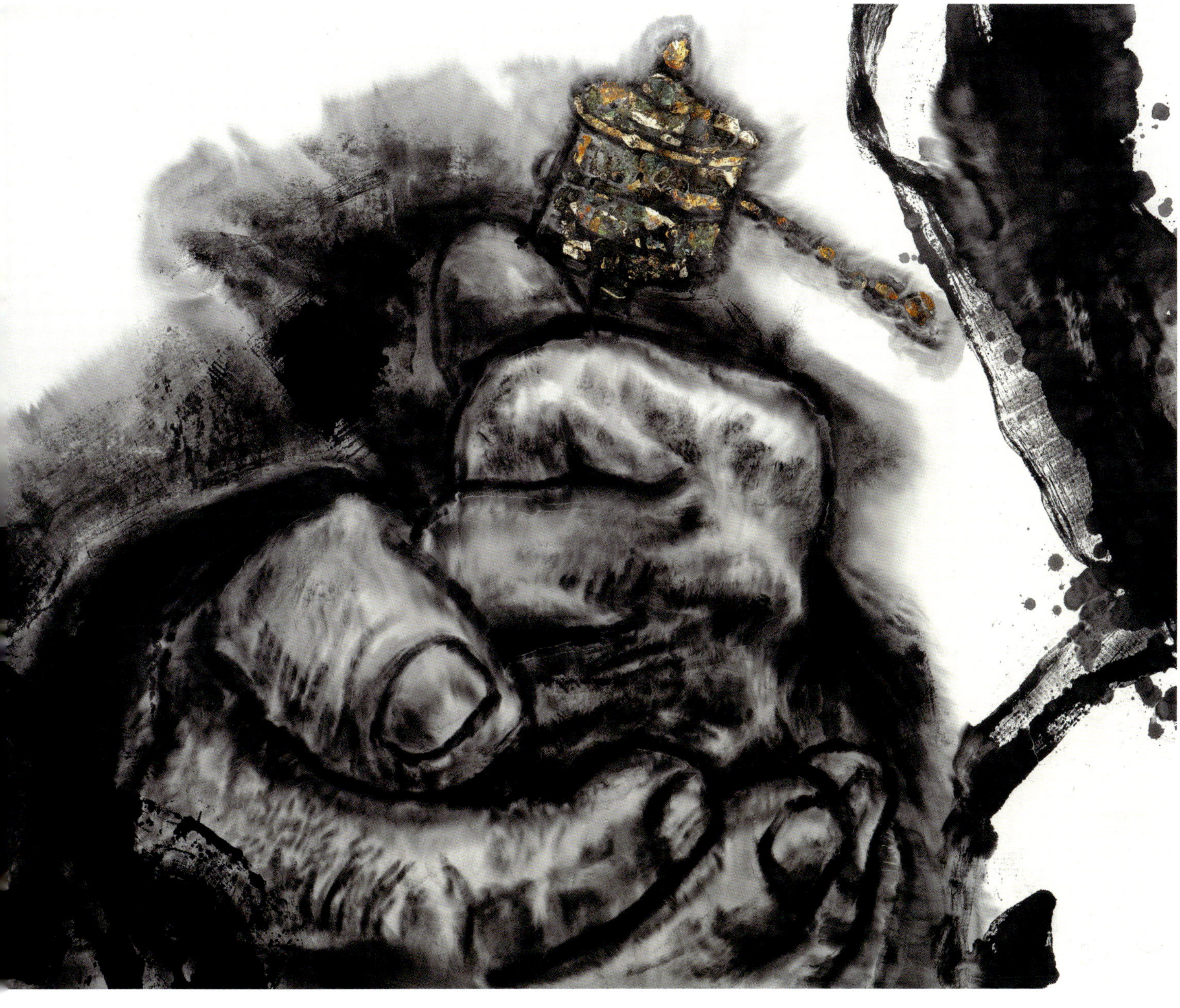

皈心　145cm×360cm　纸本设色　2020

皈命　145cm×360cm　纸本水墨　2020

皈命

冼星海 225cm×189cm 纸本设色 2020 【右页图】

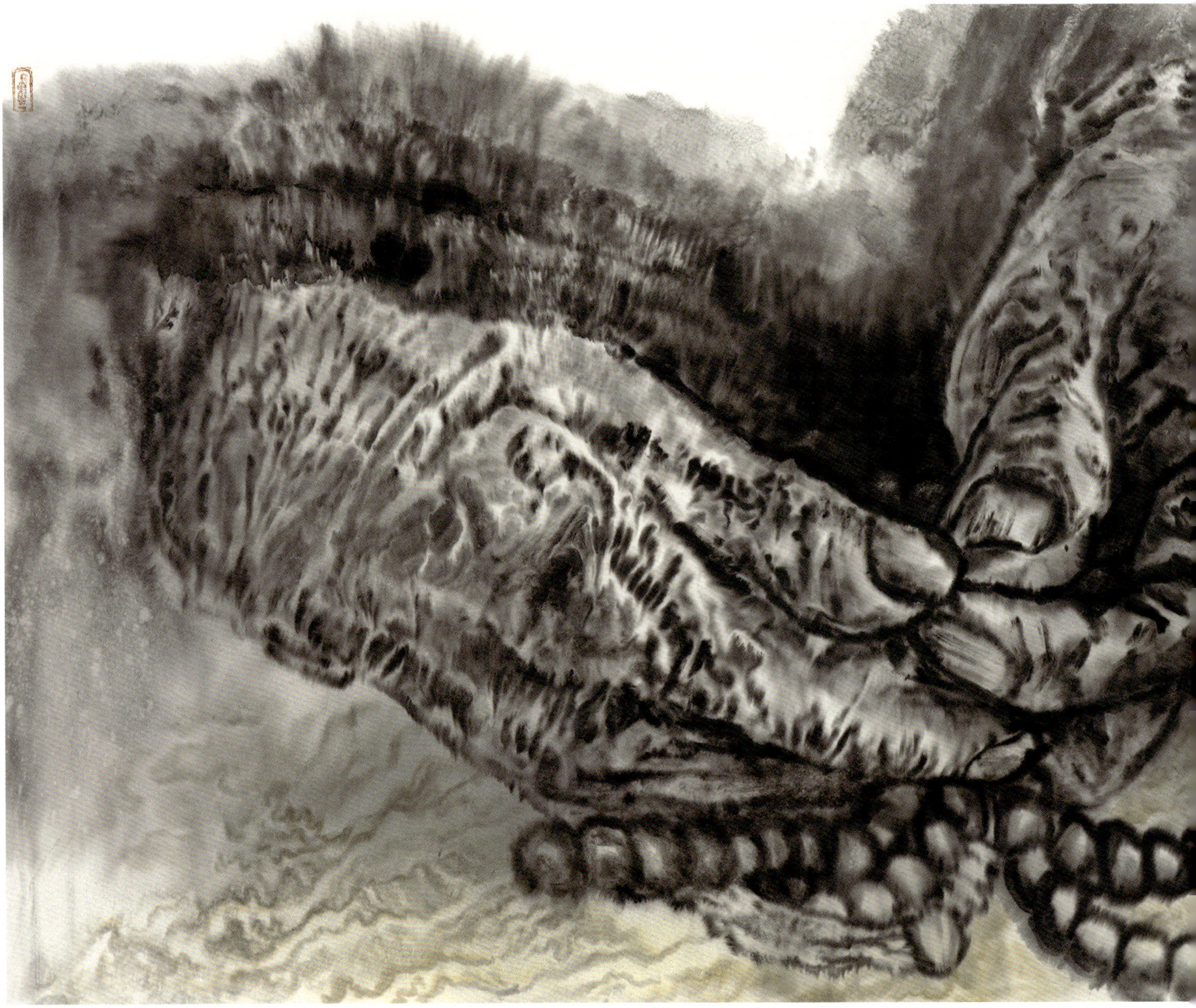

母亲河　145cm×360cm　纸本设色　2020

母親河

风声　120cm×245cm　纸本设色　2020

大吉祥　145cm×290cm　纸本设色　2020

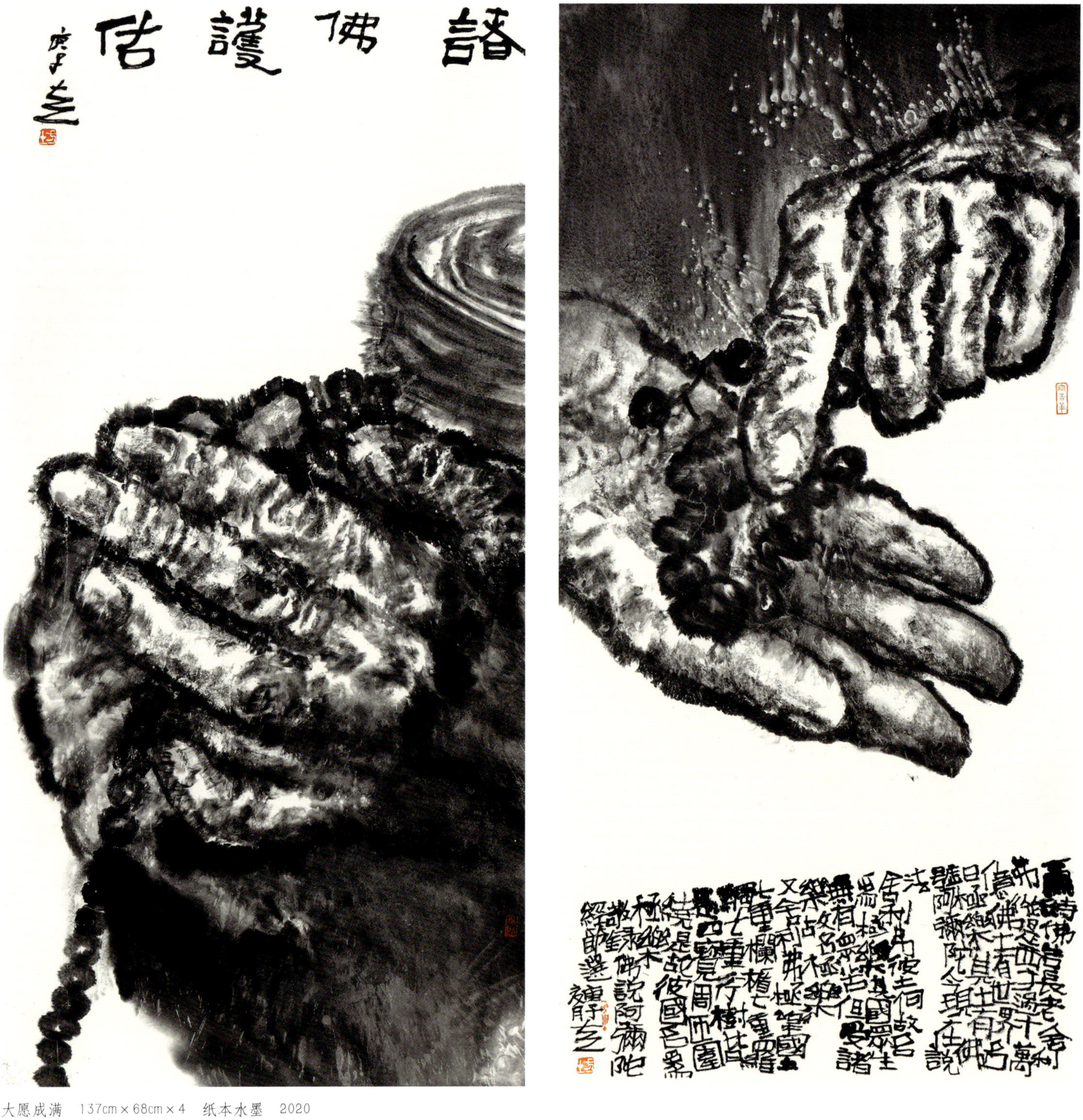

大愿成满　137cm×68cm×4　纸本水墨　2020

大願成滿

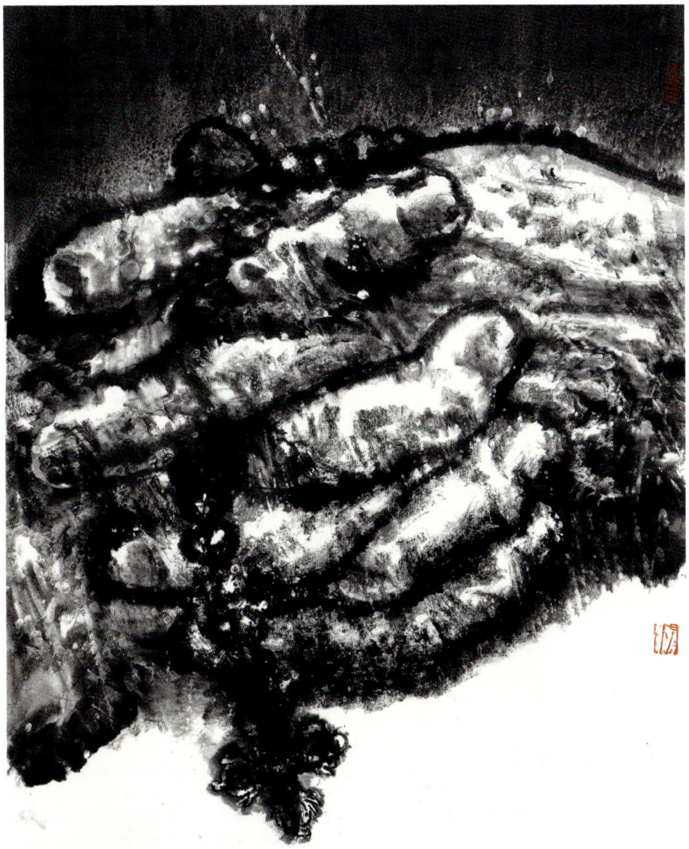

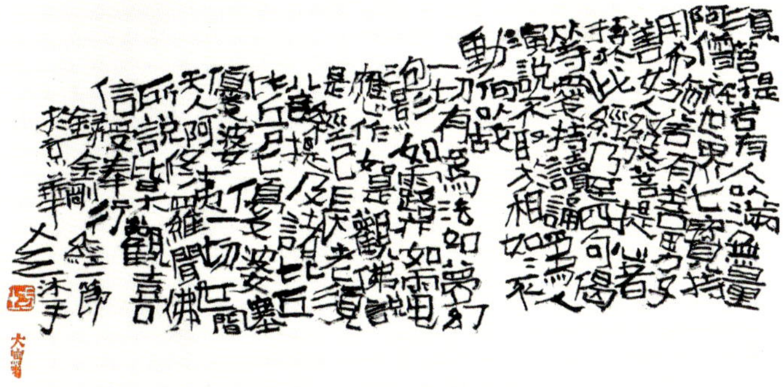

山抹微云

（山水画）

一步云　48cm×180cm　纸本设色　2013

横看成岭侧成峰　48cm×180cm　纸本设色　2012

春能蕴藉如相识　48cm×180cm　纸本水墨　2012

青云叠嶂图　48cm×180cm　纸本设色　2012

方土绘画中的意趣

文／朱万章

多年前应北京《画风》杂志之约，专门写了一篇探讨当代岭南绘画的文章。在笔者所考察的十四位当代具有代表性的岭南画家中，方土是不可绕过的重要一环。在有限的篇幅中，我谈到了方土作品中所具有的浓郁时代感，这是他的绘画给予我的最直观印象。

这种时代感不仅来自他的现实关怀的作品，如《江山回响·1927》《乡村木匠》《海平线》《喜上眉梢》《2008中国·感恩》《2008中国·重建》，同时也来自于他的语言变革。即便是在一些极为传统的作品中，如《怀素蕉帖图》《云水素心》《浸月图》《岭南花果》等，也能够感受到一种强烈的现代感。

显而易见，方土的很多作品来自时代需要，尤其是一些为弘扬主旋律而专门创作的应景之作，但这并没有妨碍他对于作品本身艺术性的追求，如为汶川大地震而创作的《2008中国·感恩》，在题材上来源于汶川当地小朋友自发组织在路边树立感恩牌子的新闻，是写实的，是现实世界在艺术中的再现。作者在笔墨的技巧方面，以水墨淋漓的形式表现对象，并辅之以水彩，使作品呈现出一种鲜活、明亮的气象，表现出一种现代感。方土自己所说，“从实验水墨到历史画的创作，是我从个人情感转向强化绘画的社会属性的转变，直接从社会、历史、生活中取材，以一种质朴的叙说方式，高度概括化的形象处理，主题思想明确，对当下思考的问题及时作出反应”（《对话方土：“当下意识”与“传统修养”的对望》）。我想这是他自己对于这类画作的最好阐释，也是对这类绘画的进一步深化。

在传统题材的花卉画中，作者以泼墨大写意的笔触渲染物象的“形”与“神”，颇有一点明代青藤山人徐渭的遗风。他在水墨的运用中，能在“墨”与“水”的调和中游刃有余。他能在“似”与“不似”之间游弋，并将自己的“意”表现在这种意象中，让人们在抽象与具象间看到了他的画中内蕴：文人的笔墨情趣和现实关怀的拳拳之心。

时隔多年，当我重新再审视经过变革后的方土时，其画不仅给人耳目一新的感觉，更重要的是，在之前已经确立其基本风格的绘画样貌基础上，又有了长足的发展，发现其绘画中极为特殊的意趣。他的人物画，以浓厚的水墨，画出人物的苍浑、厚重与时代感。他注重人物的造型，但更注重造型之外的精神气

山高落日圆　38cm×50cm　纸本设色　2013［左］
望鹰思归　38cm×50cm　纸本设色　2013［右］

质。无论是军人的沧桑，佛祖的庄严，藏民的质朴，女郎的时尚，还是具有传统意味的高士的豁达、闲适、疏放、嬉戏与清玩，都淋漓尽致地跃然纸上。当然，在其人物画中，还有一种是以简洁的线条、夸张甚至近乎变型的造型塑造各色人物，很有一种漫画的意味，表现出不同种群、不同生态的人物形象。而一些传统题材的人物造型如《高士系列》及现代众生相的人物如《秀色掩古今》《暖脚图》等，则生动活泼、妙趣横生，成为现代新文人画的重要表象。至于一些写生之作，如《新疆写生》系列、《提孜拉甫写生》系列等，则展示出娴熟的写生技巧，将人物的形态与气质栩栩如生地刻画出来。而《非洲记事》之类的大型人物画场景，则秉承其过往的现实关怀精神，具有浓郁的时代气息。

而其山水画，虽无传统的皴法，却有传统的意趣。既有林泉高致，也有溪山平远，更有崇山峻岭、茂林修竹，用现代的笔触表现一种久未的文人情怀。但其笔墨语言却仍是现代的，其赋色及水墨大胆奔放，不拘一格，在浑厚中展现现代人的山林情结。明代画家唐志契就曾在其《绘事微言》中说过：“山水原是风流潇洒之事，与写草书、行书相同，不是拘挛用工之物。如画山水者与画工人物花鸟一样，描勒界画粉色，那得有一毫趣致？”方土可谓得山水之真趣，不求工而求其趣，以挥洒之笔写出胸中意气，真正得到古人所谓的“趣致”。

方土所绘的花鸟，一展其幽默风趣的笔触，融合八大山人的水墨技巧与构思奇境，将鸟雀的孤独、桀骜与闲淡恰如其分地表现出来；而对于梅兰竹菊等传统文人所钟爱的题材，在方土笔下，则变得简洁而清新，在抽象与具象中尽显文人的笔情墨趣。

需要说明的是，或许方土的探索，只是其随心所欲地表现自我，传递情感。这是他的独特宣泄方式，与艺术的终极追求无涉。但恰好正是这种无心插柳柳成荫的绘画方式，成就了方土，让我们看到了一个饱含激情、血肉丰满的艺术家形象。

2015年11月28日于京城景山寓所之梧轩

枣园春色　37cm×48cm　纸本水墨　2015［上］
又见宝塔　37cm×48cm　纸本水墨　2015［下］

宝塔山　37cm×48cm　纸本水墨　2015［上］
枣园革命旧址　37cm×48cm　纸本水墨　2015［下］

郭亮村　37cm×48cm　纸本水墨　2015 [上]
太行万仙山　37cm×48cm　纸本水墨　2015 [下]

自负、自信与自在、自觉

文／赵利平

我和画家方土的交往可以说“不打不相识”，当年和他不熟悉，但关于其自负与不羁则有所耳闻。在一次艺术活动上，人很多，当见到一油亮的脑壳从人群中晃动过来时，就知道身材不高的方土来了，于是迎上去打招呼并捧送一册我新出有关艺术鉴赏的书作，谁知他只是随手一翻，并耸动八字眉眨了下珠点般的眼睛，然后摸摸满是胡子的下巴“嗯”一声，就把书往后递给了随从，什么也没说走了……顿觉“嚣狂”的气势扑面而来，心里不是滋味，从此对方土就没什么好感，也不去凑他的热闹……一直到几年前我主持《羊城晚报》“名家话收藏”栏目时，有一大写意的选题要找嘉宾访谈，竟许多人推荐方土，于是勉为其难约访了他。不过，这次见面却一改往日印象，一袭香云纱满脸笑意的他没了之前的戾气，谈吐之间思维敏捷、比喻生动，见多识广、旁征博引……而他并不知道我心里的过节，直到后来熟络了说开来才哈哈大笑互当谈资……

许多人都说方土“聪明绝顶”，我问他可知有这评价？他摸摸刮得光亮的脑瓜笑笑说：“应是本事累人吧。”倒也不谦虚的。确实自从方土主政广州画院后，广州画院成绩斐然，不少画家好像一下子便有了感觉与方向，创作激情高涨，作品不断入选和获奖各种全国性甚至国际性的大型展赛。访谈当天又有捷报传来，青年画家崔弥莱刚好进来讨教，并汇报说正在进行的由文化部和国家画院主办的“一带一路国际美术工程”项目，连外国画家在内的200件作品中，广东入选了四件，而广州画院占了三件，真不简单。确实，这些年来富有活力的广州画院吸引了不少人才，方土更是不拘一格广招天下贤士，虽然体制与编制的束缚，本来作为事业机构的画院要正式招纳一些社会人才并不容易，但只要是方土想干的事，他不会轻易放弃，总是想方设法，上下游说，创造各种可能，并借助各种力量把事办成。除了广招人才、不断出成绩外，方土近年做得最有影响的一件事

欧洲写生 17cm×24cm 纸本设色 2017

应是“广州国家青苗画家培育计划”了，他通过考核筛选把全国各地刚毕业或毕业不久的优秀青年艺术人才聚拢到一起，通过请名师授课和访名师工作室求教以及参加各种比赛展览等活动，为艺术苗子提供拓眼界、再教育、出成绩与推荐就业等平台……这确实是一件了不起的事情，“青苗”第一期已经五年过去，第二期又开始一段时间了，由广州画院倡导并得到国家画院的支持，能长期持续地影响与作用，确实为这方水土的艺术积累和发展注入了新鲜血液与活力，现在的苗子与未来的名家将难以忘怀这段经历。问到方土为什么会做这件为他人作嫁衣又似乎吃力不讨好的事情？他说主观愿望上是有担当的自觉，回顾自身的成长，也是因有人关注、有人帮助，推着他向前走才有今天的成绩，当自己走到这个位置有这个能力的时候，就应把这种推力延续下去。当年艺术名家陈永锵先生将他调入广州画院，他感恩“锵哥”容人用人的胸襟，他也要用“锵哥”关爱他的方式去关心年轻人，关心下一代，这才是对长辈最好的报答。每个有为的人生都是被人培养出来的，有为的培养就应一代一代传承下去。

方土确实在带兵领将与培养人才方面有着他独到的做法与见解。他说近年来，在自身艺术不断向前奔进的过程中，突然感到后边的追兵不紧了，艺术的大道上许多能干的人被社会的其他渠道或诱惑分散了。回想当年他也去了拍电影、做广告和设计等，

欧洲写生　17cm×24cm　纸本设色　2017

如果不是内心热爱与机缘，这片艺术土壤上可能就少了他这一株，其他许多本来适合做艺术的人也是这样离开了艺术阵地的，很可惜！所以他要尽可能地为优秀艺术人才提供平台，许多人调进广州画院很快就出成绩，可以说是这里风水好，也可以说是调进来的人适合做艺术。当然，画院要培养人，也要有能培养人的人才行，所谓“兵强强一人，将强强一军”。不过，方土又认为，其实人才不用培养，不是人才的培养也没用，所以说“发现人才”更贴切。做学术是个体的，发现人才是提供平台与机会，把个体的学术聚拢起来就像“集结号”，形成群体的力量与气候。其实就是把人才召集到这个层面，让他们关注艺术，展现个性，表现学术理解，并在共同关注与比较里面与社会对接，体现出自身价值。画家中很多人只关注个人兴趣，但专业画家就像是职业选手，应积极参加国家和主流层面的展赛，评判标准高了，发挥好了，获得更多学术共识，受到更高水平的检验，才能体现出更好的价值与追求。那么，在各种人才的引进、培养与繁忙的画院行政工作中，方土自身的艺术创作又是怎样的呢？其实方土有他自强自信的一面，一直以来他既领军做教练又保留着选手的角色，教学相长，他没有放松自身艺术的磨炼与感悟，他同样参与到各种高水平的展赛中去，同样承受着入选与淘汰的喜怒哀乐，从而以自身的成绩去说服别人。他觉得自己好像是为艺术而生，对艺术有着一种自然的归属

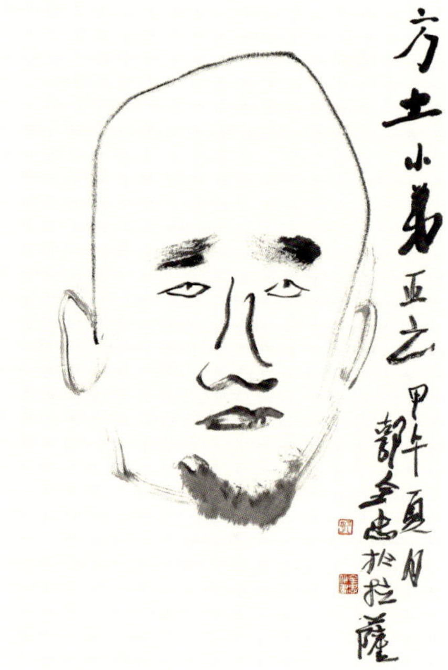

郭全忠　方土肖像　68cm×46cm　纸本水墨　2014

感，或者说是对此已安身立命，人生旅途有多少次可以拐弯但最终还是拐不了弯，说明他在乎艺术，对艺术有敬畏。艺术的追求永无止境，他不断追求，不断觉得艺术上还有许多事没去做和没法做，艺术是如此神圣、神奇，艺术体现了他的才华与情感，也给了他困惑和磨炼，但通过艺术他找到了自信，只要拿起画笔他便觉得体现了人生价值。

方土的艺术创作涉及山水花鸟与人物，多种多样，画风率意狂野，性情自在，意蕴悠长。问其之所以选择大写意国画，他说这应感谢生长养育他的潮汕地区那片土壤，那些年他生活中目所及手所触的都是富有艺术积淀的民风与传统的写意氛围，潮汕建筑的门楼与各种雕刻那种概括传神，一个画面展现了一段故事，两笔勾勒体现了一种意趣的形象对他影响深刻，潜移默化中自然而然。他说写意虽有一些看不到的东西，但作者的气息就在里面，这是一种可贵的状态，状态达到一定程度就会“得意忘筌”，就像开车的方向感，熟练的司机看的是路面而不是方向盘，方向盘抓得紧紧的是新司机，一遇事就麻烦了。写意画应是拿多重的毛笔都会没有笔的感觉，呈现的是一种忘我的状态，状态出来了才是艺术的

欧洲写生　25cm×34cm×2　纸本设色　2017

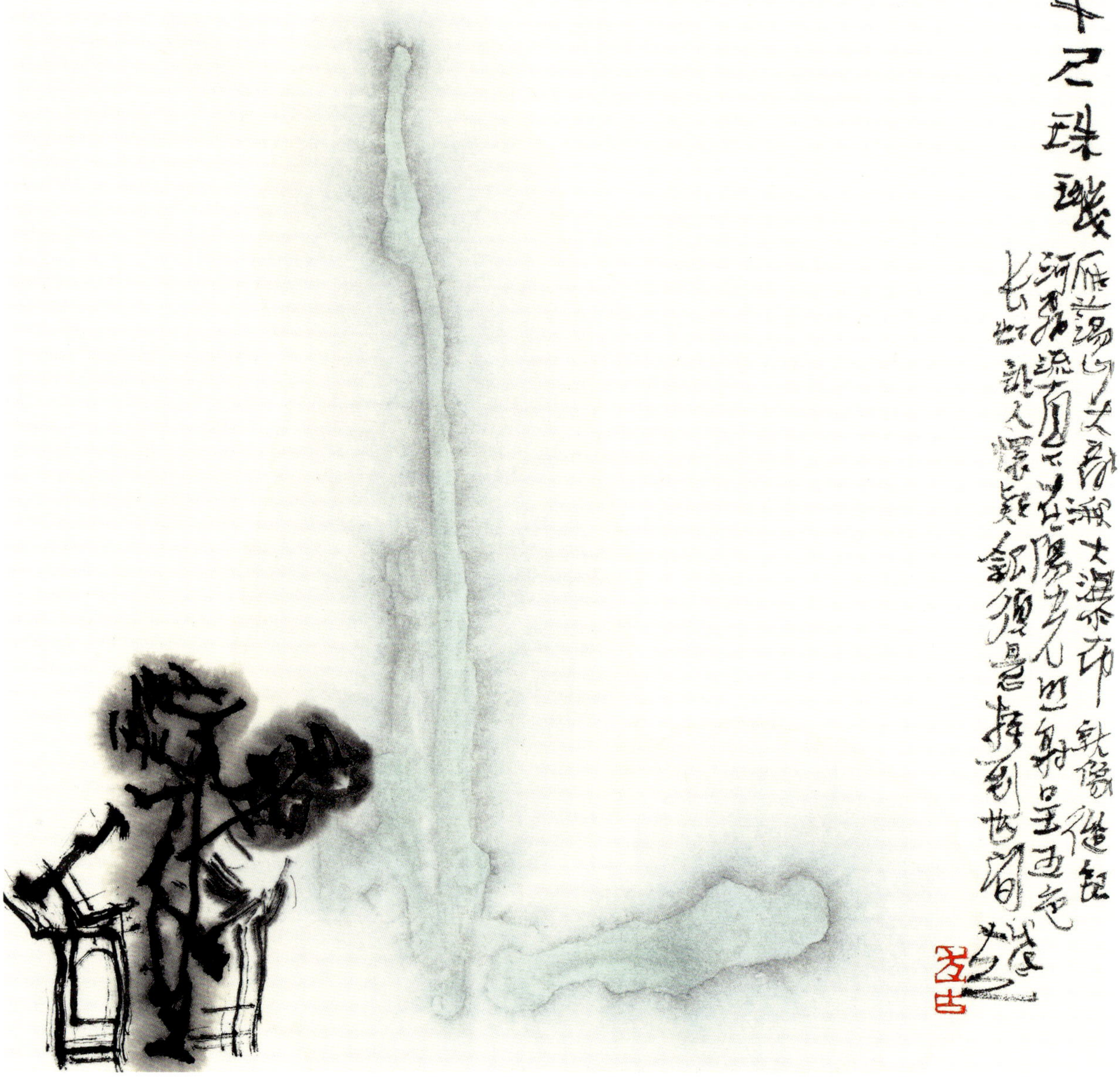

雁荡山写生　34cm×34cm　纸本设色　2018

罗寒蕾　方土造像　60cm×60cm　纸本设色　2009

本质，艺术最高的境界是物我相融的自然呈现，是身心合一的舒畅。

方土的创作形式也是多变的，对于不断尝试各种画风各种水墨实验的方土，他说应藐视风格，着意风格会显造作与局限，许多人艺术上停步不前便是为了图式，为了所谓的风格不敢求变，风格变成了枷锁，其实风格应是大器晚成，应是自然而然。方土说他创作上更在乎的是用水的精神，水墨水墨，浓淡干湿，重在用水，水是中国画内在的东西，水洒下去渗透交融由不得你推算，这与西画的不同，西画一色一染，一笔一点几乎是可以推算的，中国画则在于人算与天算的综合，天算常会超乎想象，有如神助。水的力量，水性的把握既成就了作品也体现了作者的人生观与世界观，上善若水，为人处事也如是。方土说中国画真的很难，每一位画家开拓一种可能之后就会被推到极致，高峰往往不会留给后人，后人又要打开另一片良知，然后又再推向极致。就象写意画，一经出现，徐渭、八大山人等前人就推到了极致，各种可能性也被多少代人所尝试过，所以越是后来者越难有超越。当下，西方艺术形式与观念进入中国之后，又改变或扩充了中国人的生活与思考方式，但人的情感与生活方式并不同步，所以艺术的形式受到新的冲击，但传统的中国情感却依然在作用，所以时代车轮之下就有了许多不伦不类的艺术，也有了许多维度与创新的可能。这其中，唯有善于思辨、坚守本真与清醒认知、无畏探索才能攀上新高峰或渡向更好的彼岸，方土认为他有这方面的自觉与自我修炼，我们不妨拭目以待。

云南写生　33cm×33cm　纸本水墨　2018

梅州写生　35cm×45cm　纸本水墨　2016［上］
贵州写生　38cm×45cm　纸本设色　2017［下］

重新问道

——读方土山水画随想

文 / 王艾

面对方土近来创作的一批山水画作，我却无由来地想起了之前不久读过的一篇文章——在那本话题无数的《火与冰》在台湾再版时，许知远以一种略带感伤但亦平和冷静的笔调回顾了余杰、摩罗与孔庆东自20世纪90年代初到当下的转变过程。与稍长的五十年代生人的坚守不同，六十年代出生的知识分子在这二十多年来大都经历了瓦解和裂变。而下一代人则走在他们的蜕变逻辑上继续分化，最终在诸多一瞬即逝的狂欢中变得或更为保守、或更为极端乃至于更为荒唐。其中况味，也许只有同样跋涉在这个日新月异却越来越令人喘不过气的时光隧道中的行者们才能体会。

之所以要从这些不着边际的话语开始，是因为从年龄上来讲，方土与上述几位可谓是同一代人。从某种意义上讲，方土的绘画包括他的艺术活动，完全可以看作近二十年来文化思想大潮涤荡在中国画方面的映射。作为一个有着敏感触觉的艺术家，他往往比他人更早、更彻底地感受到这个时代的价值观转变，并作出响应。如果圈定在艺术家这个范畴内，他几乎比同时期的任何人都更具备标本性意义。实验水墨、主题创作、大写意花鸟等等看似并不搭边的概念在他一个人身上得以完全呈现。而他的身份亦从一个前卫的水墨艺术家转化为创作机构的领导。有趣的是，直至今天，他依旧同时进行着这数种艺术类型的创作。集体意志与笔墨游戏可以并行不悖，方土从来不需要以明确并且单一的面貌来作为被艺术界记住的筹码。抑或说，大胆的“拿来主义”思维以及一挥而就的画面控制力即是他鲜明的艺术个性。所以近年来当方土将题材延伸至山水画的领域时，不只是我，大部分人都觉得既在意料之外，也在情理之中。

绕开了百年来写生浪潮所带来的“新正统主义”，亦无意探讨过多“传统”“笔墨”“当代性”等终极命题，方土的山水画在短时间的试探后便迅速地

雁荡山写生　34cm×34cm　纸本设色　2018

进入了能够自圆其说的成熟状态。在去年的一些展览中，他的一些横屏山水画多少还带有某些从赖少其晚年那些充满生命撞击力的作品中获得启示的痕迹，画面的布局与节奏控制亦不难看出当下流行的黄宾虹风格。而一些表现实景的写生作品，可能因为有着太过具体的主题需求，客观对象与水墨形式的结合亦带着一丝可被察觉的不协调感。但在近来的一批山水画小品中，方土减去了部分焦墨揉擦笔调的紧张感，放开了过分强调的山川块面组合，进而加重了他得心应手的水墨铺张，使视觉感受也变得更为多样化。

在不大的尺幅中经营出一批具可读性的作品，并尽力避免视觉上的重复疲劳，对于另外一些画家来说，有时候并不是困难与否的问题，而是“能为”与“不能为”的两极选择。而方土再次发挥了令人艳羡的天赋，这种天赋既体现在对水墨的操控能力上，也体现在他的判断力上。换而言之，一个艺术家不可能具有应付所有艺术标准的完备能力，但方土的山水画没有太多沉重的文化使命，也没有欲语还休的焦虑情绪，他在笔墨方面那超乎一般人的自信心完全撑起了画面的丰富观感，并游刃自如地与之前的其他作品序列拉开了距离。

广西写生　38cm×45cm×2　纸本设色　2017

在画室中，方土将这批作品一字排开，画壁上巨幅主题创作与这些小小天地中的自得其乐形成了一种略带诡异的对比。主观地说，前者带给我的感受是一种外部的压力，贯穿其中的宏大叙事与强烈象征，时刻提醒着绘画创作在今天依旧不得不带有似乎理所当然的功能性；而后者则散发出轻松的自我调适与自我观照意味，轻舟一叶，飞鸟越过山脊，那些我们已经太过熟悉的元素依然可以被灵动的笔触赋予新的观看价值。山水画这一古老的心灵家园再次发挥了它温情脉脉抚慰人心的作用。不只是方土，诸多这一年龄阶段的艺术家在近年来无论在审美抑或是形式选择上都或多或少地出现了重新问道于传统精神的现象。这似乎不能简单地以“回归”来形容，在面临选择的无所适从以及艺术话题的兴奋阈值已经大大下降的当下，纸笔间的磨砺以及小规模的尝试，应该是维持一个艺术家绘画灵敏度乃至于继续发挥天赋的良好保养方案。进一步来讲，也可能是另辟蹊径的有效方式。

方土早年在实验水墨上所力求建立起的现代性，是坍塌了？还是重生了？这些带判断性质的词汇也许都不合适。他早年的水墨实验痕迹虽然至今仍在纸本上时不时地闪现，但我觉得那个崇尚孤胆英雄的辉煌年代其实早已逝去。然而方土的桀骜不驯的精神总是会在现实中找到新的拓展方向，他拿手的大写意题材往往更容易得到观者发自内心的认可，这批山水画亦不例外。所以，从这种意义上来说，这种重新问道于山川的传统取向出现在一个具挑战性格的画家笔下，未必就不会对惯于吟风弄月、自叹自惜的传统中国画艺术产生新的冲击！

2013年冬至笔于未至书屋

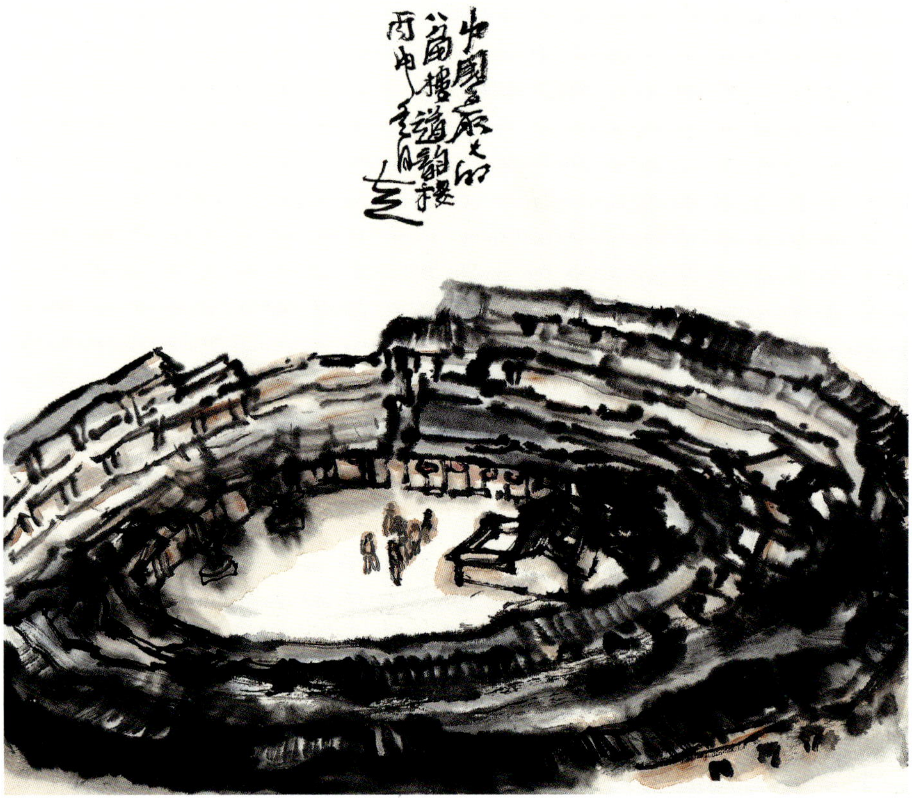

潮州写生　37cm × 48cm × 2　纸本设色　2016

漠视写生

文／方土

提起蹲点写生，这活儿与我至少有二十年不相干了，没啥体会。要说，倒是能扯些漠视写生的理由。

总觉得中国画家，尤其玩大写意的，经常出去走走，在生活中找点冲动，然后回家画画，这就足够了。我想，石涛说的“搜尽奇峰打草稿”，大概也是这个意思。

黄宾虹先生有话在先：“舍临摹而不为，妄意写生，非成邪魔不可。”历史地看，近百年来以西方的“写生”改造中国画，看似蜕变了，标新立异了，实则顾此失彼，丢的是传统的精神灵性。宾老分明感觉到了什么，所以警示后学者：“写生”不一定是条正路，很可能是陷阱！

的确，依赖写生的人，有这样一个尴尬的现象：往往但求形似，容易被对象所俘虏，搞起创作来总是抛不开“习作”的影子；久不出门写生，就不知要画什么好，总是停留在画什么和怎么画的折腾中，搞不清楚“为什么画”；严重点儿就成了“写生控”，只会画眼中的、实在的，却画不了印象的、感受的。

滑稽的是，时至今天，这条路上人头涌动，多数仍津津乐道，根本没觉察到饱受其弊。近些年，我常随采风团四处行走，偶见有人拿出速写本，分秒必争地画了起来，过去一瞧，呃，依样画葫芦，意趣全无，没劲！

信息化多年了，眼下的傻瓜相机实在太好使，每次随团采风，纵使走马观花，快门一按，“咔嚓咔嚓”，瞬间的生活素材全“捕捉”在里面。回来后，无论时隔多久，偶尔翻出，灵感迸发，反倒能玩出一般“写生”所不及的效果。

不过，我只赞同“利用照片”拓展思路，反对“画照片”。坦白交代，我这几十年真够折腾，可谓一波三折：前十年主攻写意花鸟，接着是“游戏”实

梅州写生　35cm×45cm×2　纸本水墨　2016

雁荡山写生　34cm×45cm　纸本水墨　2018

验水墨，后返回传统写意画，近十年开始涉足人物画，这几年又尝试舞弄山水画。一路过来，无论是赶时尚，还是守传统，所有行径几乎都与“写生”没什么瓜葛，唯独人物画不时借照片、电脑所带来的视觉冲动，于是创作了一批够“笔参造化”的水墨大头像。

不怕承认，我曾发表过几张“写生照”，那本子和笔都是借来的，装模作样而已，实为应付一些出版刊物的要求。这不，黄宾虹也有过一张经典的“写生照”，鉴于他漠视写生而主张“纪游”“师造化”的观点，我猜想此照片十有八九也是摄影师摆拍出来的。

2014年元月于广州红专厂一方斋

方土山水小品叙

文／李伟铭

一个人一旦做了官，而且官无论大小，大概都是要日理万机的，所以，我对方土被称为“方院”一直感到可惜；因为，有的人一生出来就注定了要日理万机，有的人一生只要做好一件事，就是对自己、对社会尽到为人的责任了。我觉得方土是后一种人，他只要把画画好——从俗的方面说，可以名利双收；从雅的方面说，就是为国家做出贡献了。

我虽然不知道方土在日理万机的同时要把画画好，是否有力不从心的感觉；但我知道，他的画绝大部分都是在别人睡大觉养精蓄锐的时候焚膏继晷画成的。对水晕墨彰敏锐的直觉和毛笔在生宣纸上行走随心所欲的操控能力，在方土这辈人中，似乎还找不到第二个人。特别是在这个习惯以工作时数计量美学质量的审美时代，精雕细琢的工笔画大行其道，方土经常显示为一挥而就的大写意水墨画，其高标独出，也就不言而喻了。

我特别欣赏方土最近完成的一批写意山水小品，眼光非常挑剔的老神童和我一起看这批画时，也有同感。这是一种能够直接检验一位中国画家的绘画语言水准和审美趣味最有效的方式，在尺幅之内，笔墨行于所不得不行和止于所不得不止，如坡公说的“如地之涌泉”，那就不是谁想做到就能做到的。易言之，笔、墨、纸、色，皆为死物，把死物变为活物，并且将这一过程演绎为可视、可感、可想的节奏，进而提升为“境界”，产生决定性作用的是其操控者——人。方土就是这样的一个人。在他这一类画中，我总能够获得到愉快的感觉和启发：肥润、圆钝而不失其流畅、锐利，如剑客之心剑合一，于无法处达到杀人于无形的境界，这也许就是通常所说的“天赋”。

2013年冬至于青崖书屋

桑耶寺写生 38cm×53cm×2 纸本水墨 2014

江西写生　37cm×48cm×2　纸本设色　2017

江西写生　37cm×48cm×2　纸本设色　2017

这方水土，雄健不群

——说说方土的山水画

文／张工

方土院长自新疆写生归来后，躲进红专厂的画室闭门造山，两月不到的时间就弄出来一批山水画小品。虽然观摩之前对他灵异大脑瓜的创造力已经充满期待，但在几十件作品一一寓目之后，还是油然生出一份不小的“惊艳”。

北宋以降，写意山水画俨然已成为中国画之最大宗。方今之世，山水画家人数颇巨，以之名世者亦众，但即便品评家对画家笔墨功底的要求一降再降，个中能够经得住远观近读者，依然寥若晨星。三百年来传统文人山水画沉溺于笔墨趣味而忽视人生意境表达的弊端，在欧美写实风尚、民族救亡和红色政权巩固等因素的联合裹挟下，近百年来得到了明显的矫正。不过，与“写生”和“写实”经常伴生着，并经十数年市场经济躁动不断放大的传统笔墨功底流失和独立精神意蕴缺位，正侵蚀着写意山水画赖以存在的物质和精神基础。画价一浪高过一浪的角逐，催生出一大批土豪级“艺阀”，此起彼伏的落锤价，总是撩拨着手执柔豪者的神经。笔者不敢对当下的画坛世相妄下断语，一个时代出现的新现象，终归要留待下一个时代或者更长的时间去得出相对客观的评价。我只是觉得，当代画家，作为时代的幸运儿和传统的遗腹子，最终能够走出多远，就要靠自身的定力了。

从方土这批山水新作展现出来的笔墨功底和精神气度来看，他无疑依然具有过人的定力。方氏是画界公认的“笔性好、有想法”之人，在出色掌舵广州画院的同时，他的创作，从当代水墨、大写意花鸟人物，到主题性水墨人物（即业内俗称的“水墨大头像”），渐次推进，步履坚实，其中贯穿始终的，即是“大写意”这一内核。而“大写意”，正是当代中国画的“软肋”。换言之，方氏以天纵之才，抓住了当代中国画的“软肋”，也就为自己赢得了纵横挥运的巨大空间。在山水画创作上，方氏依然机敏地紧扣住这一内核，线条一如其既往的苍辣生猛，水墨则在酣畅淋漓的基础上益显沉郁华滋。

婺源写生　37cm×48cm　纸本水墨　2015

笔者认为，方土山水新作能予人以“惊艳”的理由，其实正在于实现了花鸟、人物、山水笔墨语言的贯通，同时，山水画通过强化自家的笔墨线条特色，渗化傅抱石式皴法，逐渐摆脱了黄宾虹、赖少其诸家图式，初步形成雄健豪逸的个人面目。能够以自家笔墨统率不同画种并形成自家图式，正是大画家的共同特点。从方氏山水，我看到了这个端倪。

就行事气度与创作布局观之，方氏无疑不满足于当一位“乡贤”，在他的内心，分明有一个踌躇满志的“国器”目标。窃以为，“水墨大头像”和写意山水画，业已成为其迈向更高层面不可或缺之双翼。以方氏之勤敏笃定，若能更智慧地平衡行政身份与画家角色的微妙关系，给匠心留置更宽绰之虚灵空间，惨淡经营，去芜存菁，则他日岭南画史新修，堪寄支梧之望。

婺源写生　37cm×48cm　纸本水墨　2015 [上]
理坑写生　37cm×48cm　纸本水墨　2015 [下]

河源写生　16cm×25cm　纸本设色　2018［上］
雁荡山写生　16cm×25cm　纸本设色　2018［下］

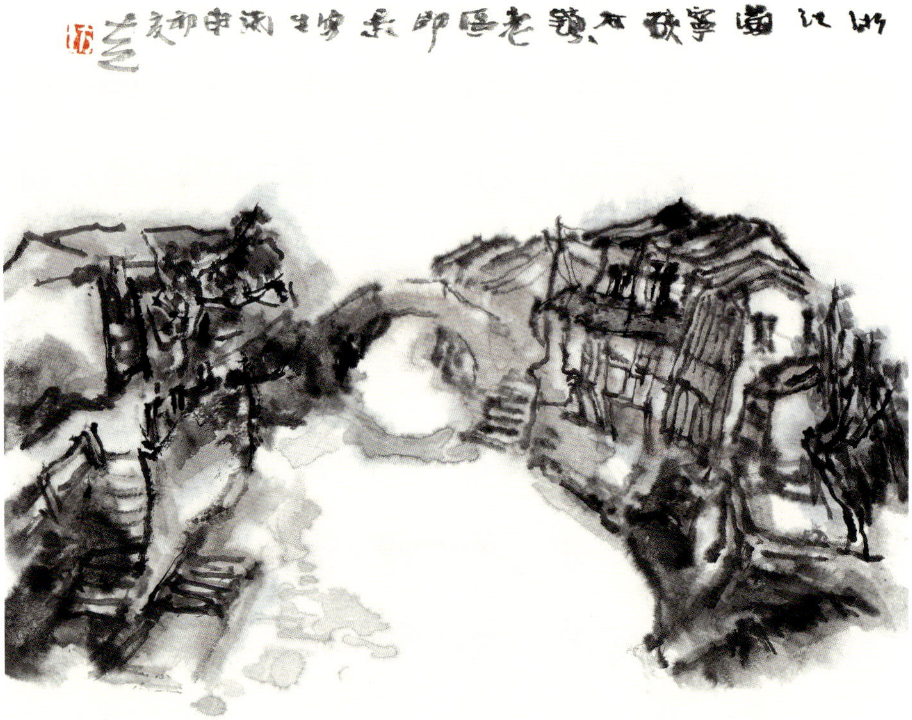

浙江写生　37cm×48cm×2　纸本设色　2016

浙江写生　37cm×48cm×2　纸本设色　2016

仰视方老

文／卢贞

方老喜欢收藏，以玩物的心态做人，而这其中也蕴含着天地人和、万物更替的古老智慧。可他“贪得无厌”，宝贝太多。

方老从不按照循规蹈矩的样子画，随意画，而最本质的核心是他懂中国画的“气”，兜来兜去、画来画去都成立，这就是他的本事。

方老喜欢用“比喻”的方式谈天说地，谈艺术，谈男人、谈女人，谈人生，他的每个“比喻”都恰到好处，形象生动，调皮可爱。

方老是个粗中有细的人，虽然画画是粗笔头，可是处理起细节来精微耐看，他讲“大开大合”同时又“细微处见修养”。他具备成为大家的潜质。

方老能简能繁，开合有度。尤其见于他的写生，简笔的人物、花鸟、山水恣意纵横，潇洒自如，繁笔的氤氲润泽，墨气十足。

方老是靠感觉、靠才气、靠个性吃饭的，随时有灵感、处处有碰撞。

方老拿来得快，丢掉得也快，他喜欢“偷东西”，可偷来的东西没有哪位失主意识得到，看不出是哪家哪派的，全然内化成了他自己的语言。

方老心气足、气局大，他有大刀阔斧的敏感和创造，有开天辟地的勇气和才能，一不做二不休。他喜欢化腐朽为新奇，在他眼里没有挽救不了的画，他深谙辩证统一，把问题当成转机。

方老始终在追求水墨的纯粹性和观念性，自由舒展，自然生发，如生命一样，烂漫而灿烂，他的实验水墨早早就爆发了无限的可能。

方老有东方曼倩入世的睿智，也有佛印了元出世的旷达，他在这种矛盾中建立起新的秩序，有他独特的逻辑理论。近几年，方老进入了独立自由无分别的天地，心照万物，万物随心，息息相通，顺势而去，依势而来。在方老的绘画观里，心物没有分别，一切随心所欲。方老有颗赤子之心，有时很像顽童，他的面貌不矜不伐，观者须慢慢看，自觉有味，拙则古朴，简淡孤洁。

方老一身佛缘，在五欲六尘、声色犬马中，近些年他清净自性，不卑不亢，退了火气，多了静气。

方老在打造自己的快活林和桃花源，他反求诸己，置身于法度跟自由之间，他的山水写生是很好的佐证，游于艺，随于心，一切自然而然。

方老喜欢给自己出难题，他认为没难度的创作是在消耗，这种苦苦挣扎的乐趣才是真实而有力量的。长年日积月累的历练让他的点子层出不穷，程序可以随时更换。

艺术家要有天才、意志、历练、策略和视野，还要天时地利人和的运气，方老好像从来都不缺这些。有时候命运也喜欢捉弄一下他，可每次都成了他的契机。

方老喜欢读人、读事、读画，最佩服的是他读人，好像别人下一秒要说什么他都能猜得出来。

方老对年轻人有着“普度众生”的情怀，他挖掘新人，甘愿付出，这种在别人看来不能理解的事情，方老却做得津津有味。方老经常“恃才傲物”，这是他一贯的风格，因此也得罪了不少人，可了解方老的朋友都知道他乐善好施，真诚待人。

方老认为艺术创作就是要整合、要组装，这时候要像“变形金刚”，在这个过程中可以派生出很多个“我”，最终还是他自我，他认为艺术创作不是合理性的延伸，而是寻找内在的无限可能，需要三种语言以上的呈现。他说写生看状态，创作看观念。艺术也不是全部呈现才气的，悟性才是艺术的最高境界，才气跟笨拙是相通的，最高境界就是悟性，悟性其实就是感觉，艺术一定要有感觉，他道破了艺术的天机。

方老是艺术家群体里的“官员”，“官员”群体里的艺术家，所以大家都需要他！

苏州写生　24cm×27cm　纸本水墨　2020［上］
苏州写生　16cm×25cm　纸本设色　2020［下］

苏州写生　16cm×25cm　纸本水墨　2020［上］
苏州写生　24cm×27cm　纸本设色　2020［下］

张家界写生　43cm×43cm　纸本设色　2020

张家界写生　43cm×43cm　纸本设色　2020

长城写生　17cm×25cm　纸本水墨　2020

长城写生　17cm×25cm×2　纸本设色　2020

河南大别山写生　34cm×45cm　纸本设色　2020 [上]
河南信阳写生　25cm×36cm　纸本设色　2020 [下]

黄河流域写生·之一、之二　26cm×35cm×2　纸本设色　2020［上、中］
黄河流域写生·之三　33cm×45cm　纸本设色　2020［下］

境生像外

（人物画）

多项选择

——关于方土

文／孙晓枫

当代开阔的文化视野和多元价值并立的事实使艺术创作面临着一个充满可能性的空间，艺术家从自己的立场出发，在对文化艺术信息的吸收中逐步地调整创作方向，强调文化针对性的同时也要对自身所面临着的当代文化命题作出相应的策略性的思考和个人选择。当艺术的社会学转型成为艺术界的核心问题之一的时候，许多艺术家在社会责任的驱动力的驱使下，以一种文化担当的自觉来“规范”自身的创作以及思考的方向。艺术家的社会责任承担为其作品注入深度的人文关怀、历史感和批判倾向，深刻地、敏锐地反思现实与历史、当代与传统、本土与西方之间存在的各种矛盾关系，并且把自己的社会理想和艺术抱负转化为作品中的深层诉求。

综观方土的创作，从各个阶段的转向以及对某些艺术问题的递进式思考，可以看出他对社会发展变化的敏感度以及对各种文化观念、思潮的吸收能力和整合能力。他总能对本土的文化主流的转向以及艺术新思潮作出清醒的判断，以一种温和的、稳健的态度来做出相应的调整，使他能够很好地游走在新潮和传统之间，也许有人会因此而对方土的“立场”提出质疑，然而，这种状态对于方土来说是保持清醒和加强创作活力的一种操练、一种需要，从某个角度来说也是一种坚持——坚持对社会情景、文化语境保持一种高度的敏感性。方土近期所创作的一批人物画可以看出他作为一位颇有建树的艺术家身上所具备的综合素质。为了更好地了解方土的创作，了解他整个思路的演变，我们不妨把眼光投向方土艺术创作的起点——他从广州美术学院国画系毕业之后的创作状态以及留驻在作品之中的思想痕迹。

作为一种源自于教育的惯性，方土在毕业以后的创作仍然是以其师承的创作观念和方式推进他的传统花鸟画课题，以一种凌厉、泼辣、老成的“大书写”笔法渗透到传统花鸟画的图式之中，他多以岭南一带熟见的瓜果花草如荔枝、芭蕉、枇杷等入画，墨色淋漓酣畅，走笔放任生猛，构成一种灵动奔突的气势，才情横溢。他那种高度符号化的花鸟图式和较有冲击力的笔墨语言为后来的创作埋下了一大伏笔。

《散物》系列可以看作是方土在20世纪90年代初期的转型之作，画面上依然是方土式淋漓恣肆的水气墨韵，那些似花非花的形象似乎是冥思中的昙花一现。这批作品，在保持原来的符号形象的基础上，重点在于探索水墨媒材的特性和极限，通过扩大表现力来达到扩大视觉张力的目的，从而也探讨了古老的水墨媒材在当代进行表意时的适应性和局限性。《散物》系列成为方土创作中一个承上启下的阶段。对艺术家个案的研究，过渡时期的作品是一个综合的档案库——既保留了前期艺术某种惯性的迹象，又隐藏着后面风格的模糊轮廓。

自20世纪90年代之后活跃起来的水墨实验无疑为方土描述了一个新的、具有较强挑战性的话语空间，广州是水墨实验领域里最为活跃的板块之一，广东水墨实验的强力态势和皮道坚、王璜生等著名理论家对水墨实验的充分支持和援助分不开，而水墨实验领域颇具实力的艺术家如梁铨、刘子建、石果、魏青吉等落户广州、深圳等地，和广东本地的艺术家如方土、杨诘苍、黄一瀚等形成了一种围合之势，和批评家互相应和，大大加强了水墨实验群体在广东的活动能力。方土结合自己对当代城市存在的“文化批发”“信息爆炸”等现象的批判意识，以《网》来命名这一系列的作品。“网”比喻无形的信息对人的生存的禁锢，信息网络对个人生存进行围追堵截——人们在“享受”信息带来的种种便利和“好处”的同时其实正是受控于信息生活的演变过程，只是深陷于其中的人没有一种警醒意识而已。方土所描述的是一个当代文化寓言，他借助水墨这种传统的、东

安徽写生　16cm×25cm　纸本设色　2018

方的媒材，利用拓印、喷染等方式，制造了一个迷离破碎的信息空间，一个象征性的城市空间、文化空间，而笔墨宣纸的古色古香的视觉特质和画面传达出来的批判意识形成了一种错位关系，加深了作品本身的阅读深度，作品显示出一种高度的技巧性，这种技巧性不单单体现在对媒材的理解和驾驭上，而更主要的是体现在整个作品的阅读空间经营上，水墨媒材的能指在此得到充分的描述并被反复挪用。

相对于方土传统式的花鸟作品，这水墨实验作品所表现出来的文化高度和当代意识成为证明方土开始以一种知识分子的自觉参与到现实社会的文化行动中，摆脱了一个古典文人的书斋背景，从而也明确了他作为一个当代艺术家的身份——即使他对水墨传统一往情深。

参与到水墨实验的集体行动中，这对于方土来说无疑是一种鼓舞，使他在寻找传统与当代的往返道路时试探到许多的可能性，在对水墨语言的语法转换中找到个人的语法原则，从而也把个人的创作推向一个新的高峰。然而，水墨实验本身的局限性随着时间的纵深发展慢慢暴露出来——对媒材及其文化身份的过度迷信，图式处理过分的形式主义。后来在水墨实验集体中逐步形成的小圈子意识也逐渐使水墨实验脱离了现实关怀的理想和文化批判的激情，开始以一种集团式

安徽写生　16cm×25cm　纸本设色　2018

的、文化垄断的面目示人，形成了一个相对固定的利益集团到处巡回演出。方土开始感觉到一种表达的单调感和思想的乏力。这正是水墨实验中的形式主义的后遗症之一，过分的形而上追求造成了和现实生存之间彼此的不信任状态。这一阶段，带着某种不事张扬的怀疑主义情绪，方土又暂时回到对传统笔墨的研习揣摩的课案前，用余音袅袅的古韵来平息角逐于当代文化场景中的浮嚣情绪。

2005年方土和方瑞作为广州画院的艺术家代表参加由广东美术馆主办、王璜生等策划的大型历史画创作活动。历经三个多月夜以继日的创作，方土完成了以纪念抗战胜利六十周年为主题的作品《殇》，作品从人性的深度揭示战争泯灭人性的真相和绝对的悲剧性结局。战争的代价是无法量化也没有办法清算的。作品以一种历史钩沉的沉重心态，截取了抗战中一个悲苍惨烈的意象，采用蒙太奇的手法，段落式地交代出战争的残酷和恶毒的情感底色。画面的处理有着极强的时空意识和历史感，交替地制造出纵向的深度空间和横向的广度空间，使悲情和愤怒在每个情节中冲突碰撞，心理空间的复杂活动加深作品的感染力和渗透力。《殇》的创作可以看作是方土的一次大型操练，他在创作中各种技法的穿插运用造成的效果把水墨的特性充分地、全方位地发挥出来，水墨在宣纸上形成的视觉形态强烈地呼应着主题。

塞罕坝写生　53cm×45cm×2　纸本设色　2017［上］
塞罕坝写生　45cm×38cm×2　纸本设色　2017［下］

对于巨幅画面的调度看出方土在把握宏达叙事题材的能力，出于对自己能力的信任以及对现实主义历史题材的重新思考，方土从观念探索的实验性行为中转向对现实主义题材、历史题材的创作上。

现实主义创作直接从社会、历史、生活中取材，以一种质朴的叙说方式，高度概括化的形象处理，主题思想明确，批判力度更大，对当下思考的问题能够及时做出反应。方土把创作的重心转移到人物画的创作。创作了一批八尺整纸的老红军形象，在人物画创作中，他在对目前国内人物画创作状态进行充分的判断和分析后，努力回避原来流行的创作模式，摆脱泛理想主义和“样板化”的教唆，用一种更为深沉的朴素的现实主义手法来表达个人对“英雄精神”的认识的独特角度，他想在最为普通的形象中体现出一种深刻的“英雄主义”，一种含蓄的又充满人文底色和草根情怀的“英雄主义”。在作品《故事 · 军娃》系列中，方土把视点集中在一些最为普通的老战士脸上。肖像是一种记录、一种叙述、一种生命质地、一种历史和时间停驻的处所，一张脸就是一种履历，一张肖像就是一种生活。方土的人物创作和他前期的作品一样保持着很强的符号性，每张看似普通的肖像里散发出强烈的历史感，宏大叙事的繁复关系集中到一张沧桑历尽、尘埃落定的脸孔上。题目的处理也是别出心裁，“军娃”的前缀是“故事”——因为有了“故事”，有了沙场的鏖战，有了战争的洗礼，有了硝烟中的生离死别，才使一张稚嫩的脸变得沧桑衰老，题目和形象之间在心理上产生了很大的落差，使作品的“可读性”极强。作品虽然单纯，然而并没有消减作品主题的感染力和严肃性，反而扩大了想象和阐释的可能性。

创作了《故事 · 军娃》之后，方土又创作了一批新文化斗士——鲁迅先生的大肖像，粗拙凝重的笔墨既把鲁迅先生那种“横眉冷对千夫指”的凛然气概刻画出来，又把他“俯首甘当孺子牛”的坚韧内省状写入微，人物特定的精神气质呼之欲出，既写实又表现，理智冷静的形象刻画和激越充沛的情感抒写真实地结合在一起，把一个充满理想主义色彩的文化斗士形象高度概括化、符号化。从《故事 · 军娃》系列到《鲁迅》系列，其实是一个从对一个群体的共性的捕捉到个性的塑造的过程，群众—英雄、集体—个人在历史中构成了一个对应的关系，这种

惠安写生　45cm×38cm　纸本设色　2016

关系恰恰呼应了历史叙事的选材逻辑，这尚不知是方土有意为之还是冥冥中的一种巧合。

方土的创作体现出一种处于逻辑中的递进关系，证明了他身上所具备的艺术素养和敢于否定之否定的勇气。方土把创作和行进中的思考紧密地扣合在一起，不愿停留在一个固定的艺术风格、固定的思维模式下来创作，他不想成为一个“刻舟求剑”者，他要寻找自己内在的可能性，寻找个人艺术与社会进程之间的对应关系，这决定了他的不安分，决定了他的冒险性，同时也提醒人们在认识方土及其艺术的时候，不要过早地下结论，不要漠视他的转变。只有在对未知探索中，个人和艺术才能获得更强的存在感，才能受存在于未来社会中的计划和实践的鼓舞和激励，这一点方土是知道的，他总是在对社会、对个人的期待中鼓荡着创作的激情，他对于生活、对于艺术所做的是一种“多项选择”，这是一种获得生存的厚度和艺术的深度的有效方式。

2006年9月6日凌晨草就于广东美术馆

惠安写生　45cm×38cm　纸本水墨　2016

提孜拉甫写生·之一　45cm×38cm×4　纸本水墨　2013

提孜拉甫写生·之二 45cm×38cm×4 纸本水墨 2013

新疆写生·之一 136cm×68cm 纸本设色 2014

新疆写生·之二 136cm×68cm 纸本设色 2014

寻找水墨精神

——从笔墨春秋与人生写意的视角看方土的画作

文／梁凤莲

作为一种定论，水墨的精神被认为就是一种自我的精神，这个“我”是确凿的，其风韵与气质正是通过艺术形象确切地表达出来，水墨被指认为一种文人画，在古代的意境这个层面上再现“自我”。只是，时间的推演使一切变得不确指，关于水墨，新的疆域与边界开始浮出水面。

多元与多变的文化生态与艺术生态，制造着新的冲击力，对水墨的评判与审视也因此产生着变化。无论是否受着创新与突围的机制的驱使，现代的实验是复杂的，而这种复杂的现代实验一旦与历史的经验重叠，或者说交错，并不像期待所希望的出现电光火石的碰撞，而是呈现言说不清的暧昧的面孔，传统积淀下来的认知与理性有可能会在一时半刻失效，甚至于迷失方向。

这是当下的水墨，有什么样的权威足以命名？而比之更为迫切的是，怎样面对？

艺术在承传发展的衍递中，似乎不存在一以贯之的恒定，水墨的世界同样如此。移动、蜕变、混沌、突破、融合、拓展——在如此博杂的宽带上，水墨正承受着过去与现在、出世与入世、超脱与混浊的共振，极尽着其艺术存在与被指认的可能性，无论是内涵还是形式。

于是乎，水墨又重新面临着一种新的追问，水墨的本根性是什么？水墨背后的文化命脉在哪？水墨面临的处境，是回到本原，还是在且行且远中回溯？同样，水墨画家也在面临着一种选择，是捍卫自我认同的文化精神，还是应该守护传统文化艺术的本相？在借助水墨元素与思想的元素去制造某种美学主义时，或者说借此去营造某种面貌时，留下的疑问是，这是解构还是重构？如是，当下的中国水墨画不容置疑地处在求索中。比如，关于自然观的探索，笔下之境像是眼中之镜还是心中之境；比如关于概念以及观念的探索，从国画到水墨画到“水墨艺术”，重新命名的旗帜已经拉开，只是在时风势雨的时间历练中能永远飘扬

大凉山写生 69cm×45cm×2 纸本设色 2017

吗？比如关于价值取向与尺度的探索，材质的意义与传统人文精神的意义，在创作过程展开的是欲望还是虔诚？

也许，不仅是水墨，传统的文化艺术都面临着这样的宿命，在承传延续中的光荣与梦想，或者无奈与失落。

那么，水墨究竟是什么？仅仅是一种传统文人精神承载的文人画？昔日成就的高度树立以后，还可能产生新的突破，又或者探索的底线在哪？是古与今非此即彼的临界吗？是关注水墨的历史情怀就必然与现世脱节吗？是一旦入世随俗，就要痛失古风画韵吗？甚至是写意就很可能会与西方的抽象现代发生纠葛吗？这显然是难以一下子摆脱的两难。

回到当下的水墨，不完全是含蓄的、内敛的、尽在不言中的，而是不乏张扬、实验，充满亢奋的探索与尝试，并且有不善罢甘休之势。无疑令审美充满了等待：这个可以伸展的空间究竟有多大，可提供的艺术可能性有多强，似乎一时

大凉山写生　69cm×45cm　纸本设色　2017［左］
大凉山写生　45cm×38cm　纸本设色　2017［右］

半刻也难以有定论。

至于水墨艺术意欲取代水墨画的实验，代表着一种什么样的嬗变，是观念的扩展，还是形式与愿望多元交错的张扬，眼下还不是尘埃落定的时候，故而同样无法澄清。假如依然因循以往的韬略，去梳理大唐的风范、两宋的雅致或者元明清的古韵风神，也似乎难以作为评判的唯一终极，对于孕生于多元生态下的水墨艺术，确实没有恰如其分的标准与律例。浩浩荡荡的水墨长河流淌至今，各种水系的融汇，亦即各种艺术观念与形式的冲击，一切也不复往昔，笔墨之余，符号、形式、构成、实验中的变化等等，水墨是传统的放逐，是回归，还是走上远行的不归路，这已经是此领域中重中之重的焦点问题了。而凡有追求的画家都有义不容辞的责任担当，方土在其中，也不例外。

看方土的水墨画作，上述的思考不期而至，点燃并映亮着我此时的关注。与其说我在观赏，毋宁说我在进行着更倾向于哲学意味的审美。方土的水墨似乎侧重的是画人的精神理念，意在通过其所构筑的镜像，去阐释某种凌虚蹈空的灵魂之舞，或者是精神之舞。因为抽象，因为对个性理念的图解过于迫切，呈现出接近张狂的姿态，因而对水墨的索求从有迹可循起步，而循入幽深放达的迷宫，任何的领会与注解都有可能困于含糊，飘浮与不确切的，笔墨之间气韵的大风掳掠着灵性的清晰，像朦胧诗的极端，仅可在意领神会之中止步，却难以用言辞传达。方土的画作显然为水墨的存在与走向提供了一种选择，一种理念言说的依据。于是有人喻指水墨为古典文化精神的一块浮木，在多元并存的市场生态中，将会有什么样的遭遇，似乎是可以预想的。

而方土的用心与用意，一直在他的水墨年表中凸显着，并形成了自身的轨迹。以什么作为水墨的支点，是绵绵古意与悠悠旧情怀，生存的土壤不一样，所谓形神兼具的真相已不能穷尽现世的审美可能性，故此，水墨必然要寻找新的征途，从理念、内涵到形式实现愿望的扩张与突围，尽管往何处去还不明晰，但方向似乎是分明的，就在前方，如同人生的挥洒，其惬意处亦是其纵情处。方土如此，在前行中逐一兑现着种种实验的想法，习画、探索、为坚定而坚持，以及光荣与梦想。时间之外的呈现是，关于花鸟画的个人追求。如他所言，对岭南画派进行超越的尝试，也许不一定是高度问题，而仅仅是一种挑战的姿态。关于笔墨的实验，方土志在构筑属于个人探索并身体力行的艺术空间。关于对创作意义把握的觉醒，以及责任意识的加强，也就是说画什么和怎么画的责任担当。这三方面，似乎已成为方土作为画家的艺术支撑，至于得与失，一切当然得交与时间作出评判。

任何一幅画，始终是画家在起作用，对画作的领悟与观赏过程，其实就是对画家的解读过程。方土入选第十届全国美展获奖作品的水墨《人类的朋友》，画作画的是一只鸟，用狂放的笔墨，一气呵成的气韵，构成了一种张力，确切地说是侧重于思考的张力，从而导向某种主题，或者是经由这种主题而扩展的意义。有一种看法，此画乍一看离传统水墨相去较远，有宣传画的嫌疑。也许短于此亦

千户苗寨写生　46cm×39cm　纸本设色　2017

正是长于此。对这只鸟的解读似乎可以有几重展开，从直观的层面，不外乎与国画的元素相关，此种新张与新变，究竟有可能走得多远？从画技与内涵的层面，主题与意义先行，还是画多久才耐看？从责任与担当的角度，给观摩与欣赏以震撼或触动的，是技巧、用心、立意、境界，还是复合的功力，看到什么、领悟什么、联想什么？全都重要，还是有所侧重？由此引发的思考，与这只鸟有关，似乎与水墨的现状亦有关，这昭示着一种收获，或者过程的其中显然已经有着独特的意义了。

中国画，或者水墨，从古到今中国画家的风范，所追求的境界，人的内涵与画作的内涵总是在交错延伸的。作为艺术追求的终极，技巧不完全是决定因素，技巧作为一种方式或手段策略，在有效地点燃作品内涵的火苗，让其燃烧起来，

千户苗寨写生　46cm×39cm　纸本设色　2017

在时间的长河里发光发热，恰正是艺术的亘古长传、功德无量。内涵的分量，似乎不能欠缺责任与意义的担当，综合起来也就是魅力永存的感应生效的密码，这关乎画风画品与画格，毕竟艺术最后的竞争正是人格的竞争。

水墨是典型的中国的，无论前人或者今人，在水墨面前是表现者还是再现者，是有我还是无我，“我”之或大或小，无论承传、创新、尝试与选择，临界与归零的状态如何，永远无法违背的正是不同艺术题材的艺术精神。如方土为自己设定的目标，所坦言要担承的责任，其意义，就在于为水墨提供了一种可能性、一种选择、一种实验以及实验美学。我常在想，笔墨的天地是神奇的，比附于文学，黑白之间尽纳天地乾坤、心底万象，在这神奇的空间里，有很多挥洒的可能，亦存在着很多探索与超越的可能，就看怎样判断与把握了。

肯尼亚写生　16cm×25cm×3　纸本设色　2018

笔墨至上

文／方土

昔年，画展上常见老先生观画，一入展厅，便凑到作品跟前端详局部笔墨，一幅幅顺溜掠过，凡停顿觉得笔墨较好的，方才退后看整体。“太老朽了，笔墨算啥玩意，视觉冲击力才真正属于这个时代”，那时我二十出头就是这么想。

如今，虽说我还未活到老先生那般年纪，但每看画展时也犯上同样的“毛病”，凑前，掠过，偶有让我后退远观的，默认此画不差。不知什么时候开始，局部笔墨的考究成了我判断一幅好画的首要标准。

年轻时理解笔墨较为简单，以为“力透纸背”笔要握得紧，使劲搓才是大师派头，实则有力无气，手腕被旁人轻轻一碰，笔杆子险些儿掉下地。年岁渐长终发现老先生的不同，提笔看似有气无力，甚至笔头微抖，旁观者无不为之着急，然而慢条斯理，落笔沉稳，就像老司机抓方向盘，从容不躁，自自在在把握中。

笔墨这玩意儿很独特，有时用不着刻画什么具体物象，单借点、线、面的构成，加上运笔的快慢，所产生的干、湿、浓、淡、焦韵味，即可组成可读图像体系。我循此花费十几年时间，为的是拓宽水墨的边界线，探索另一种可能，后被学者们冠名“实验水墨”。今日看来，这一时期最大的收获在于将笔与墨剥离，以块面为载体，让笔墨更加纯粹地直面心绪，表现与都市相对应的生活状态，同时成就了我之后的大尺幅人物画创作的语言范式。

伴随年龄与见识，我反倒保守起来，当回归花鸟画与人物画创作时，自然而然又调整到笔墨至上的状态，更注重对“墨韵笔趣”的把握。韵是大写意一种抽象的表述，既虚又实。如果韵味全无，画面便会产生生涩、滞气之感。韵味即才情，就好比歌唱家嗓子音色，一开腔，能唤起全场热烈的掌声。

说到底，大师不大师，关键看画者对笔墨的持放。经典的名作多为笔墨线条耐人寻味。宾虹就是最好的佐证，他老人家就像武林高手，一提笔，即时一剑封喉，翻云覆雨，堪称笔墨至上的大师。

甲午夏月于广州红专厂一方斋

印度、尼泊尔写生·甘达基区剪发　37cm×48cm　纸本设色　2015［上］
印度、尼泊尔写生·泰姬陵所见　37cm×48cm　纸本设色　2015［下］

印度、尼泊尔写生 · 凝心静气　37cm×48cm　纸本设色　2015［上］
印度、尼泊尔写生 · 转动世界　37cm×48cm　纸本设色　2015［下］

河南写生　45cm×34cm　纸本水墨　2020【下】

河南写生　34cm×45cm　纸本水墨　2020【上】

贵州写生　32cm×25cm　纸本设色　2020【左页图】

暖冬　145cm×366cm　纸本设色　2020

老有所乐　145cm×360cm　纸本设色　2020

老有所樂

聚焦·之一　125cm×178cm　纸本设色　2020

聚焦·之二 125cm×178cm 纸本设色 2020

聚焦·之三 125cm×178cm 纸本设色 2020

聚焦·之四　125cm×178cm　纸本设色　2020

聚焦·之五　125cm×178cm　纸本设色　2020

聚焦·之六　125cm×178cm　纸本设色　2020

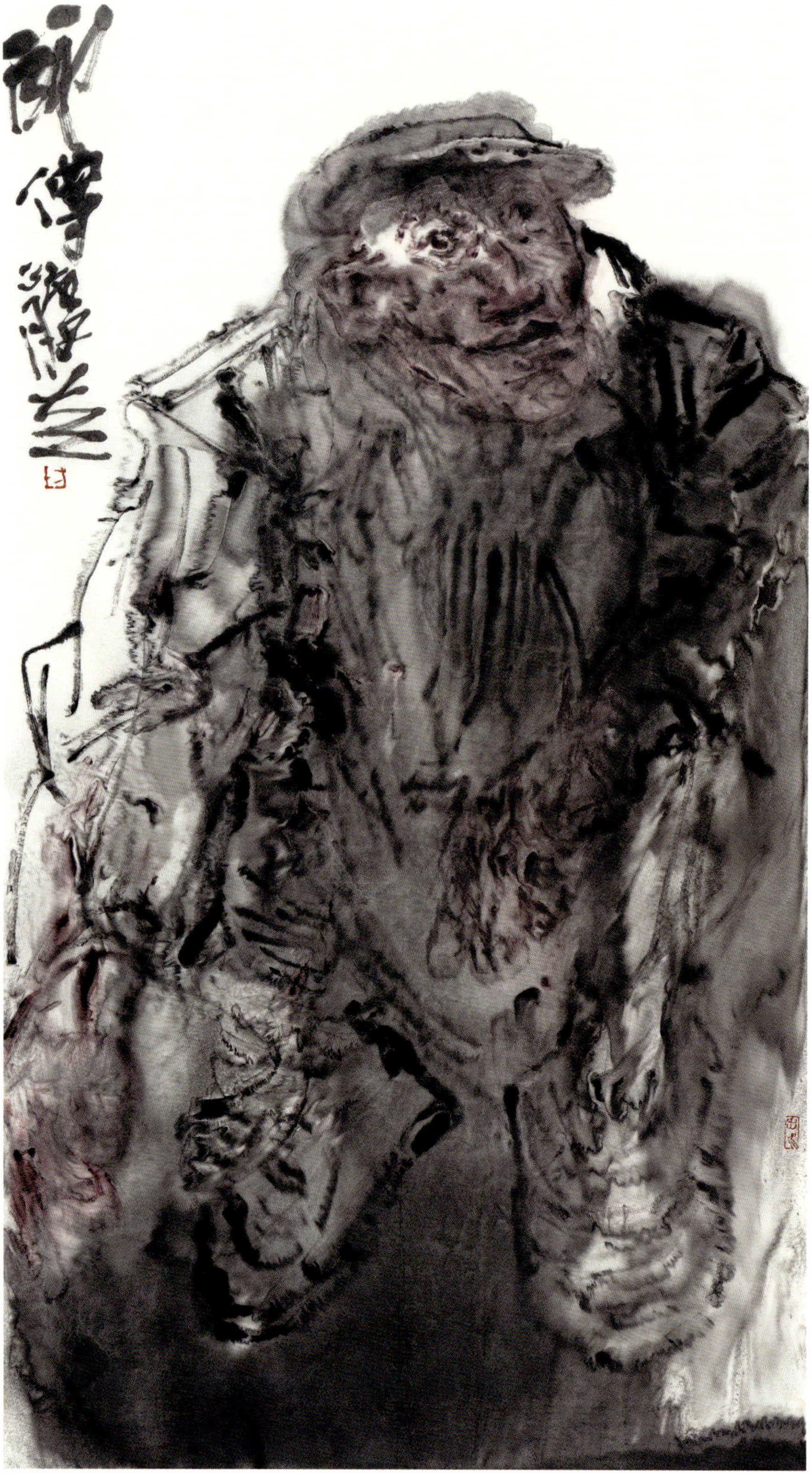

夕阳无限好·之一 180cm×96cm 纸本设色 2019

夕阳无限好·之二 180cm×96cm 纸本设色 2019

夕阳无限好·之三　180cm×96cm　纸本设色　2019

夕阳无限好·之四 180cm×96cm 纸本设色 2019

朝阳——走进赵家洼·之一 200cm×122cm 纸本设色 2020

朝阳——走进赵家洼·之二 200cm×122cm 纸本设色 2020

托物寓心

（花鸟画）

浪子方土回头

文／陈履生

方土是广东画坛上的另类，即使把他放到整个中国水墨画坛上来考量，也是一个难得一见的“活宝”。当第一次听人称他为“反骨仔”的时候，我以为比较确切。尽管他的光头比较平滑，未见其他异物，可是，他言谈举止中的鹤立鸡群，处处显现出“反骨”。就艺术而言，古今中外，能够成大事业者，往往不能囿于前人的规矩法度，往往都是时代的另类，从顾恺之到石涛、八大山人、扬州八怪；从凡·高到毕加索、波洛克、安迪·沃霍等，都是一些著名的“反骨仔”。以画圣顾恺之来论，他“痴黠各半”“好谐谑”“好矜夸”，却又“率直通脱”，与方土有几分相像。可是，画家如果仅有这些脾气秉性还难以说明问题，画家只有在艺术上有过人之处，这些脾气秉性才能成为说事的重要方面。

方土是一个有思想、敢作为的画家。他身上的“反骨仔”的精神会成就他，也有可能会制约他。他在广东画坛上另辟蹊径，也是在当代中国水墨画坛上寻找生路。作为广州美院正牌国画系毕业的方土，虽然1986年的毕业创作《岭南花果》（四条屏）表现出了坚实的传统绘画功底以及对于传统中国画艺术的尊崇感。然而，等他在画坛稍有名声的时候，却以远离传统的现代水墨祭起了一方大旗。他在远离岭南传统轨道上行走的几年，正是中国艺术现代化思潮处于前卫的时代。方土以弄潮儿的姿态紧随着时代，一时令人刮目相看。

当他的那些“制造”出来的现代水墨的图像还映现在人们眼中的时候，方土的艺术发展却出现了人们没有想到的变化，在2004年的全国美展上，方土画了一幅巨大的不合传统花鸟画规范的鸟头（《人类的朋友》），让人们看到了他剑走偏锋的出其不意。在人们还不能放弃人物、山水、花鸟分类的时候，方土的画却

2016年于大学城广州画院

在分类之外告诉人们“也可以这么画”“还可以这么画”。但是，事情的变化表现在方土重拾了传统的笔墨，并将传统的笔墨表现得富有现代的味道。继之，方土又不断把“大写意”挂在了口上，落实在画上，俨然一个回头的浪子。

在传统、现代、当代这一当下艺术发展的三岔路口上，方土最有可能、也是最有资本进入到时下热门的当代艺术之中，因为，他有“反骨”的性情和现代水墨的基础，可是，他没有进入。其理由可能有多种，而根本是他在现代水墨的困境中看到了传统的当代性，因此，他幡然脱身。这也是因为他在美院打下的传统水墨的基础，已经成为他可资运用的重要的资源，而这一资源在当下显得有点短缺，可是，人们的需求却很旺盛，近似于石油的行市。毫无疑问，进入到中国水墨发展的主流之中，方土面临的考验是人们基于传统的审视。有时候命中注定的是难以摆脱，事实上，方土是不可能进入到传统的轨道，他也不可能按照牌理出牌，而他所企求的“游心方外”对他来说更是难以做到的，那么，身处这种矛盾之中的方土如何化解这种现实的矛盾，显然，这是他走向成熟的一个考验。

2008年10月3日于北京

看鸟

文／陈川

我没有觉得这只鸟有多么伟大，有多么深的精神隐喻。相比叶永青狡诘可疑的候鸟论，这一只的清纯天真好像只是提醒我们，观看要先于判断。如此反而朴素得惊心！

《人类的朋友》这一作品的问世已经过去15年，重新审视和判断已经脱离了广告嫌疑更趋于干净与纯粹。当年，它就没有引起巨大轰动，也注定得不了大奖，它只是在那里，平和、耐看、器宇轩昂。不过，不得不承认，只要是多看了它一眼，就永远也忘不了，这份魔性真实又嚣张，在去魅的世界不一般的存在。

再晚三年，约翰·伯格（John Berger）的《观看之道》被介绍到中国，至少让我大吃一惊，没有人如此这般分析过“观看”本身，从“观看”出发来回望《人类的朋友》，它的艺术史的可能意义远远大于环保主题和笔墨技术，毋庸置疑。

“观看”作为一种行为具有选择性和交互性。我们不得不接受，观看事物的方式受到知识与信仰的影响。我们见到的与我们知道的，二者的关系也从未被澄清。中国知识分子主张的虚怀若谷，澄怀味像，实在难以实现。

这是一只鸟的正侧面，在机械复制时代，我们通过高倍镜头经常看见。当放大到两米见方，感官刺激被严重调整。观者被告之，这是肖像画！至文艺复兴以来兴盛的肖像，至明清以降还为之一振的写真，肖像的主体从神到人，今天又从人到“朋友”，参与到形神先后的讨论。“朋友”的进入，不只是题材的改造，更像是人文情怀的生发和世界扁平化的自然抉择。

雅克·贝汉通过他的著名纪录片《迁徙的鸟》改变着我们看鸟的方式，方土的作为似乎也是对传统花鸟画创作套路的检讨与挑衅。21世纪以来，当代水墨脱

人类的朋友　180cm×170cm　纸本设色　2004

岭南花果　264cm×65cm×4　纸本设色　1986

1984年念广州美术学院大三时花鸟科师生合影。
前排左起：赵煜、张治安、王小燕、杨红、陈章绩、方土、
周彦生，后排左起：杨法正（进修）、方楚雄、陈湘波、尚涛

开西方样式，逐渐成为讨论的主题。在激越的争执之后，一些正常的观看视点反而耳目一新。

约翰·伯格指出，“我们只看见我们注视的东西，注视是一种选择行为。我们从不单单注视一件东西，我们总是在审度无我之间的关系”。中国绘画的品评非要知人论画是对的，把观看由图式导向观念，以猜测艺术的真相。

而作者极有可能只是想大写一只鸟吞吐胸臆。我们的时代充斥着“大写者”，泥沙俱下而真者寥寥。方土总是在聪明地构想如何画得笨一点，我看到了他的努力。在《人类的朋友》后来的日子里，他没有俗不可耐地画出一堆鸟头或者更大的鸟头，以吸引假想的观众的眼球，而是迅速转向。导向传统，导向山水，导向写生，导向微观生物，导向曾经的实验水墨。

我们知道好演员必须有信念感，方土的信念感无法附着到单一角色上，他成不了一般意义上的好画家。他放弃了时代认可与通行的那一种成熟，选择永不休战。我请求目力只限“齐黄”的诸位先生们，何妨再假他三十年。

瓜果·之一　196cm×32cm×3　纸本设色　1997

瓜果·之二　196cm×32cm×3　纸本设色　1997

不惑·感言

文／方土

我属兔，按潮汕老家的算法，去年吃过冬节的汤丸，今年就算四十岁的人了，一点没商量。

我素性喜观“前”少顾“后”，不习惯怀旧。说到底，我很怕的是精神还牵挂着已逝的时光，思维还停留在昨日的情境里，那又有什么意味呢？然而，说起岁数来，我却有一种难言的沉重感。此时，若用“时光流水、浮生若梦”这一类耳熟能详的话，岂能一言带过！？

当平静下来时，我窥镜自视，也就心里有数——乌溜溜的头发何时丢的？为什么头上顶着一处秃光？不消说了，这是谢顶，也是岁月无情的见证。令人费解的是，为什么同胞兄弟中唯我独“秃”呢？这个落差又该怨谁？也许命中注定吧！于是，我思来想去，干脆削成个“和尚头”，再想想，下巴蓄起一撮“小羊须”，这么一来，头部上“毛”的比例也就不算少了，虽比上不足，却比下有余，而且造型还蛮时尚，无怪时有靓女冲着我说：好酷噢……此后逢人称道，我便做谦虚状：“取长补短吧。”究其实，不过借此自慰而已。

至于平日久坐会腰酸、久站便腿软种种“老化”现象，不一而足。最令我触目惊心的是，有一天偶然照镜子，竟然发现眉尾间有几根毫毛“脱颖而出”。这是“福至”吗？其实大家比我还明白，这是老年人所特有的“专项”啊，至今，即便我已对这类事儿习以为常，但那几根“彩眉”却一直影响着我的情绪。岁月可真的不饶人了啊，这四十年的岁痕竟来得如此突兀，以致我每次揽镜，总能引起好一阵“自怜”的联想，让我又一次问自己——我真的“老”了吗？也难怪，与老友邵戈一起去“桑拿”，他嘻我：四十岁年纪，六十岁体型。

一个人到一个不曾去过的地方总免不了有种种的揣测，有时甚至是害怕；同样，年届不惑的我，此时的心境也近似于此。不过，依我四十岁的觉悟，无论如何，我并不着急。毕竟，我是俗人，既没有“大彻大悟”，更没有“看破红尘”。心目中，四十自是别有另一天地在。俗话说，四十而不惑。这不惑，怕也

花卉　196cm×32cm×3　纸本设色　1997

就是不疑、不迷、不烦的意思。用大白话来说，就是无须前怕狼后怕虎。事实上，这个愿望不算太奢侈，人活到这岁数上，也该活出点道道来了——既知人情之冷暖，又晓世事之深浅；既不碍人事，也不讨人嫌。民谣也是这样说：“四十男人一枝花，四十男人好当家。”依此看来，四十岁人好好发挥，没准可作栋梁之材。

但是，这话说起来容易，真的做起来却不轻巧。

人到四十，既不老，又不少；既不上，又不下，用时髦的话说是“半截子”，换文雅点称“富于年”。这上有老、下有少的处境，未必能摆出个什么“款”来！不是吗，老前辈们往往百般挑剔，既说你还幼稚，又责你太狂妄；晚辈们却对你不屑一顾，既说你欠激情，又怨你太中庸。可以这么说，快活的时光本来就不属于中年人。如果说快活之门是窄的，那也是老少们特意把门挤窄的。我讨教过一位比我年长的智者，问“不惑”作何解，他只说了三个字：无所谓。嗯，想想也是，“无所谓”既是一种姿态，未尝不是人生一种理想境界？我似乎是明白的了，但问题在于，这“无所谓”的日子究竟该怎么过呢？我却是“一头雾水”。如果一个人相对笨一点、傻一点，不在乎的东西多一点，要计较的事情少一点，包括没有太多的挑剔……如此等等，能以“一缕清心”的心态运用于生活之境，说不定日子可以过得宽心些，舒畅些。

人笨可以落个清闲，人傻可以不惹烦恼。很可惜我扮不成“笨”，也装不了“傻”，反正我没那个“福气”。因为这个世界变化太快了，我当然要面对更多的诱惑和更多的挑战，而且要顾及的东西实在不能置之不理，实际上让我摆脱不了的，尤其看不透弄不清的，就是世俗的人际关系。想起这一点我就心有余悸，只得承认自己没“才气”。这也许源自我从小怕见生客的性格。说穿了，无论如何，我是无法摆脱在故乡小镇上近二十年的生活对我产生的影响了。少年时代，也即在十七岁前，我与从未见过世面的山里人没有什么两样，就连“红绿灯”长什么模样都

梅兰竹菊四屏 196cm×32cm×4 纸本水墨 1997

没有见过。然而，家父是个老师，为人厚道；家母贤惠，持家有方，然目不识丁，他们最大的心愿，就是让我能有一技之长。更庆幸的是，在我对人生尚不知如何选择的时候，机遇让我考取了广州美院，并成为广州画院画家，职称为“国家一级美术师”。在这里，我要感谢的是父母，还有养育过我的那片深情的土地。所以，要论“才气”，我也只不过有对着宣纸戏笔弄墨那点乖僻的“技艺”功夫罢了。其实，明眼人都知道，像我如此“无计划可言”的个性，怎么能做到顾及上下左右、是非曲直的人际关系？我知道不用心计、不花时间，是应酬不了的，所以抱怨是没有用的。既然一碗水不能端平，也就不端了。同样道理，如果力所不能及而倾力为之就是白花工夫，就是白费力气。所以，生活中我也从不刻意，因为我知道，执意寻找的东西，往往不一定能找到，那会很累人的。

时下，在好多人眼里，金钱最容易标示一个人的成就。在我看来则不然，我觉得除了钱之外还有其他更重要的东西让我牵挂，那就是画画。这种痴迷令我常常处在梦想中又在深渊里，不知不觉我竟觉得自己离不开宣纸，放不下毛笔，常常玩上了瘾，便不想做别的事了。有时，我沉醉在一张白纸中，画得入迷时候，就幻想着像隐士一样，抛弃世俗一切的条条圈圈，遁入山林，做一个自由自在的人。

然而，现实终归是现实，也许心底里那个敲个不停的人情、使命和责任并没有释放我，以至于让我抛不开“一切”。毕竟，我是凡夫俗子，自然未能免俗；我有父有母，自然得报养育之恩。因此，先为人子，后为人夫，再为人父，这人间的伦理套路，我是“依样画葫芦”，一点儿也不敢走偏的。还有，我兄弟姐妹众多，燃眉之琐事时有发生，不时要赶来赶去，这手足之情，叫我如何挥去？说来惭愧，这半生，我承恩的人很多，为亲为友，也不知做过多少不得不做的事。但是过后，又不知道我所做究竟是为了什么。现实与理想总是混在一起无

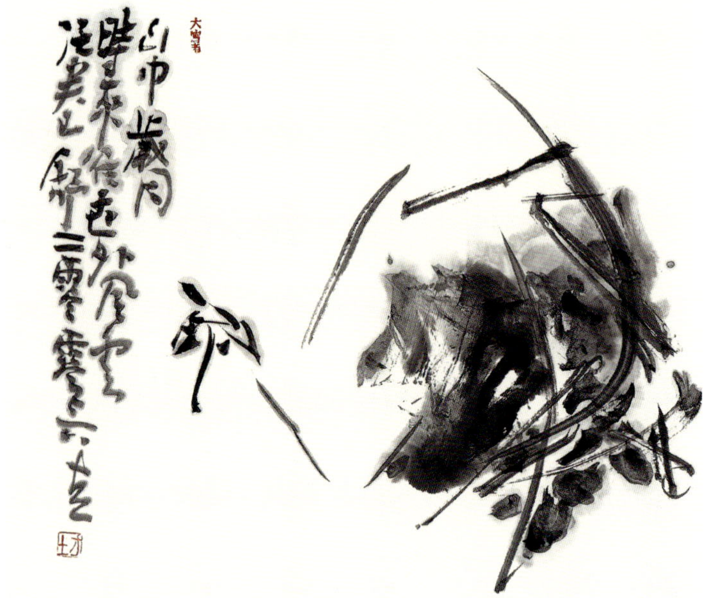

山中岁月　68cm×68cm　纸本水墨　2006

法分清，犹如西方哲人所说的，从山坡上疾驰而下的马车，说不清是马拉着车还是车推着马。当然，即便是现在，命运仍不肯放任我成为一个“纯粹”的艺术家，我的一切行为及思想的形成，仍为现实所困惑。对我来说，唯一能聊以自慰的是，我仍能以画画的方式延续着对某种理想的坚持。毕竟，我想人是随缘的，也就无足嗟叹了。

几年前，友人曾说过这样一句话，“我四十，我怕谁”，铿锵之言，底气十足，听之令人神往。说实在话，我一向是对于年纪大一点的人感到亲切。在我的生活小径上，一直在不幸中有幸得到师长们的真诚帮扶，使我毕生难忘和抱以由衷的感激。在我心中，四十岁前的人生不过如戏中序幕，好戏在后头。的确，那时我心底里是这么想的，也就恨不得快快四十，至少可放言无忌。一年又一年，一晃荡，我已到了搔秃了头发的年纪。不过，问题在于，我现在的生活情形却不容我有“不怕”的时机，此时真不知从何做起，我甚至失却了往日的希求，也没了努力的念头。太阳依旧每天从东方升起，时间依然过得很飘忽，日子慢慢地溜走——白天忙，忙于人情；到夜间，比如此时，客也，友也，都走了，静是静下来，想画画，可人又倦了。惦着家里的妻儿，又惦着明天的约会，不得不早些休息。我总是想，人生若没有那么多人情羁绊，没有牵挂，没有恩怨，那该多好！可是对着亲人和朋友，我却又常常“情不自禁”！

一个人对情味的理解往往会随年龄的增长而发生变化。我承认，我愈来愈容不进一切呆板、客套、造作的场合，喜欢轻松、有趣的氛围。有时，画得闷了，相约几个老熟人，不为了什么地聚在一起，沏茶侃天侃地侃人生，大抵没有什么深意没有什么负累，再添一杯

一庭芳草　68cm×68cm　纸本水墨　2006

小酒，只管随心所欲，既可以自嘲又可以嘲别人，其情融融切切，何乐而不为！但最没劲的是遇到那种假正经的滑稽和假斯文的模样。不过，有时不免得“意”而忘“形”，往往控制不了局面，也掌握不了别人心里微妙的平衡，是故，“变脸”的事时有发生。当然，好在出于善意，即使被作弄，大家会泰然处之，一笑而过，不至于要死要活，寻机报复。南京那个好画小脚女人的才子画家朱新建与我一见如故，堪称知己，他写的以下句子当有代表性：“……方土精力过剩，整日间，会朋友，谈人生，批评四周兄弟之生活态度，语带机锋，话含俏皮，偶有开罪朋友时，也经常悔之不迭，然悔过之后，第二日依然如故。此兄乃天性如此，望大伙不可对他要求太高。”无论此话是怎么的中肯，我却要承受莫大的教训了。

说真的，我所有的一切都只是为了使生活更本真更有趣些，因为我相信，只要把心胸敞开，快乐就会逼人而来。所以我很赞同这样一个观点：人可以无知，但不可以无趣。的确，与无趣之人对坐，如蹲牢狱。人生至此，我当然晓知几分做人的规规矩矩，但作为一个艺术家怎么能永远“规矩”下去呢？难道艺术的人生就不可以“洒脱”一点吗？我是这么想，所以也就顾不了那么多了，问题可能就出在这里。令我受窘的是：我自信，却常被人误为自负；我虚心，却常被人当为心虚；我实话实说，却经常被人视为天方夜谭。这是何等的捉弄！随便举个例证吧，譬如我曾于某年的大年初一在零下十度冰天雪地的寒冬中掉进北京昆明湖的冰窟里……这桩事儿，至今有人硬是不信，然而这个“洋相”我丝毫没有半点剪裁与润色。我想，用“吃力不讨好”来形容自己处世的无奈，最为恰当。其实，我自己所厌恶的就是伪善，是矫情，是顽老。所以，除了画画，我平素并未真正意识到什么东西可使自己惬

1996年正月初一，与冯少协于北京颐和园昆明湖滑冰游玩

意畅怀。

算起来，我从县城到省城已经住了二十年，最让我感到自愧的是，虚掷了不少光阴。不过，此时此刻从生活经验中获取的东西，跟过去的完全不同了，我的确感到比二十岁面对春天时少了许多惶恐与惆怅，比起三十岁成家立业时又多了一份坦然与踏实。毕竟，不惑的妙趣，在于更深刻地认识人生，认识自己。俗语说：老天对人生安排是公道的——少年时，给你精力和时间，不给你金钱；成年时，给你精力和金钱，不给时间；老年时，给你时间和金钱，不给予精力。这里面说的成年，大概指四十岁的人吧，假如真的如此，我更应该珍惜的就是时间了。能自主地支配时间，那便是最完美的日子了。

不惑了，脚下便有了必须选择和无容选择的路，一切只得跟着感觉走了。我一直在想，人活着，而且不是庸庸碌碌地活着，就够幸运了。当然，如果可以选择的话，下半辈子，我情愿守住生活里的清淡，甘心将未来的岁月交给那支画笔。无论怎样，既然选择做画家，就要敢于舍得，即便因而失去他人眼中所谓的繁华与富贵，那也不悔。毕竟，人生既不可无求，亦不可全求。同样地，有所不为，方有所为。

朋友赠我一对子：常有会心处，却无得意时。这话说到我心窝里去了。

壬午年夏至于广州画院

昔日　230cm×180cm　纸本设色　1999【右页图】

与方土访梅

文／刘曦林

壬辰腊月之初，缘“君住长江头——泸州蒋兆和艺术馆藏精品展”赴穗展出有广州之行。这几天广州人都叫冷，街上的年轻人都穿上了小棉袄，可我从北京来，却感到温暖如春，曾问梅花开否。

展览开幕之后，方土君邀余赴从化流溪河访梅，一路茂林翠竹，时有红花闪烁其间，广州的冬天真爽。驱车至湖光山庄小憩，遂奔流溪河森林公园，远望南山，片片梅林粉白如雪，被那青山、蓝天衬托得格外明丽妩媚。待入得梅林，清香袭人，方土直言被陶醉也。当然让他陶醉的不仅是那花香之雅，他对随行的记者说：他感到的是线条的美。方土是名画家，那视觉的敏感自然超于常人，也许在他那天才的光头秃脑里正急速地运转着——如何让那梅花的清雅之气转换为中国画的笔墨。我们在山坡上坐下，打开了速写本，在我这个很少亲接梅花的北方佬还在琢磨梅枝的结构时，方土却挥笔自如，信手抒写着那梅林的韵律，画人的口头禅曰：满写意的。我们在梅林里缓步穿行，又不时在那老梅前驻足，捕捉新枝老干任横斜的节奏，不由地想起林和靖“梅妻鹤子”的典故，还有陆游那“一树梅花一放翁”的名句，仿佛老梅是我、我也是老梅了。

待三五纸速写画毕，记者问起方土的“青苗”工程。方土说：一个人不能光想着自己，也要考虑艺术的传承。这个“青苗”工程就是投资支持那些还没有出名的艺术的好苗子。记者又问我的看法，我说：方土是个有责任感的画家，他不仅梅兰画得清奇潇洒松活，人物画也生动感人。他关爱平民百姓，关注这个时代，有一幅画叫《赶上好时代》，画荡秋千的老两口，那种幸福感是从心里迸发出来的，堪称“写心”的艺术。他作为一个画院的院长，关注那些有潜能的艺术“青苗”，又显见他的文化战略思维。我赞赏他这胸怀。

我们边走，边说，边画，至梅林深处，逆光见芭蕉叶格外明亮，把那白梅映衬得玉珠儿一般。方土真有心人，却捡起了一片落在地上的芭蕉枯叶，与同行的青年讲怀素书蕉的故事，又别是一番情慨。归程路上，方感兴奋之后的困乏，但恍兮惚兮间仍然串联着、叠合着梅妻鹤子、青苗工程、怀素书蕉那些物事……

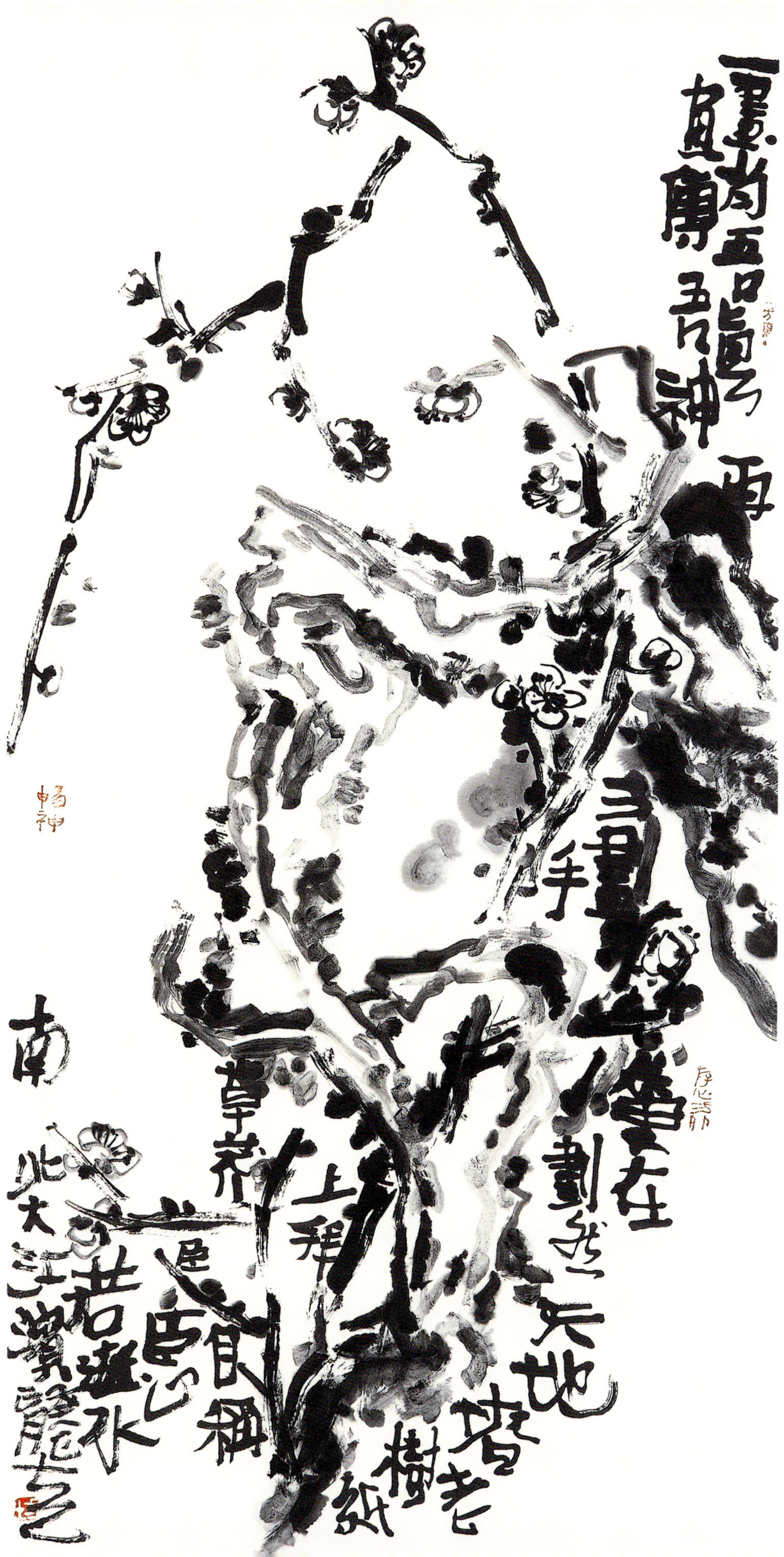

一画肖吾真再画传吾神　136cm×68cm　纸本水墨　2013

梦随春影　136cm×18cm×4　纸本设色　2009

通者能达

——再说方土

文／孙晓枫

方土是一个通达之人，因为通达，所以有容，有了一种举重若轻的法度，有了去繁就简的空灵，有了一套在岁月中修炼出来的“混沌哲学”。他的一段手记中说道：“说写意养人，大概这玩意儿是粗活，符合养生之道吧！”他又说：“人过四十，眼睛自然老花了，这分明是造物主让人们凡事看淡些，粗枝大叶些……”轻描淡写中满含机锋，既自嘲又嘲人（那些认为写意是粗活者），散淡表象的内在是一种自我坚持（艺术观）的硬核。些许无奈中的觉悟，觉悟后的释然，来来去去，婉婉转转，几十年的光阴练就了一身“钢铁绕指柔”的过人本事，一个“韧”字已经包含着内在的强大劲道——方土打的是一场大太极，人生的太极。

大写花鸟一直是方土的拿手好戏，既为他赢得业界的名望，也夯实了他在当代岭南的“江湖地位”。名望与地位，其实与方土的大写花鸟并没有更多的关系，只能说是“画外功夫”而已，一种点缀和说法而已。通达的方土比我更懂得其间的虚实关系，否则，他也不会有此等自嘲，以“养身之道”论之。这实在是一种“计白当黑”的博弈策略，黑白互生，此消彼长，把艺事变成谋求长生的“炼丹术”，究实不错，进不能匡时济世，退倒可以颐养天年，不进则退，百利而无一害，何尝不是珍惜生活善待生命的智行，何尝不是在生存之境辗转蹉跎奔突后的内省之后的自爱。

长锋饱墨，淋漓酣畅，简约温雅，古逸清和，无法即法，法随情生。看方土的大写，看的是一场笔墨的舞蹈，一场交织无数情愫的才情挥洒，行云流水中，舞者如痴，观者如醉，痴醉之中，有了无声处惊雷动、繁华处寂寥生的参悟，有了世人笑我太疯癫、我笑他人看不穿的喟叹。“大写意”（以“写”代“画”，必有命名者对画以抒怀、画以表意的考究）有一种即兴而为、触景生情、情化万象的意味，讲究的是兴至、意动、情生、心舒，笔下淌现之物象，仅仅是寄托而已。所谓的托物言志，指鹿为马当是对大写意表意手法的很好注解。徐渭疾笔如电，写下狂放葡萄藤，题上“半生落魄已成翁，独立书斋啸晚风。笔底明珠无处卖，闲抛闲掷野藤中”。明摆着以葡萄做托，拿自己说事。方土的大写花鸟与徐渭的愤世情状相去甚远，笔下寄托的是一种祥和与祈福，抒写的是自在和心欢，所以说方土的大写花鸟有福相、有喜气，加上其中的才气、文气、内在的霸气（自信），再佐以一点点痞气（笔墨的趣味性），可以说是贯气而行而能神安笔定，纵横自如而不失度，以俗入雅存生气，以雅还俗驻文心。

方土是大忙人，“忙”字一说为“亡心”，故大写花鸟的确是方土化解繁杂日常事务之羁累的一剂“良药”，能够在百忙之后，与心相对，与情为伴，笔墨运走交汇之中，把身外的一切，放下，再放下，放得彻底，乾坤就大起来，四面八方，通者达。

2013年1月27日凌晨于汕上空间

一格　190cm×32cm×4　纸本水墨　1997

倚竹佳人　136cm×18cm×4　纸本设色　2010

满纸春风　34cm×34cm×4　纸本水墨　2018

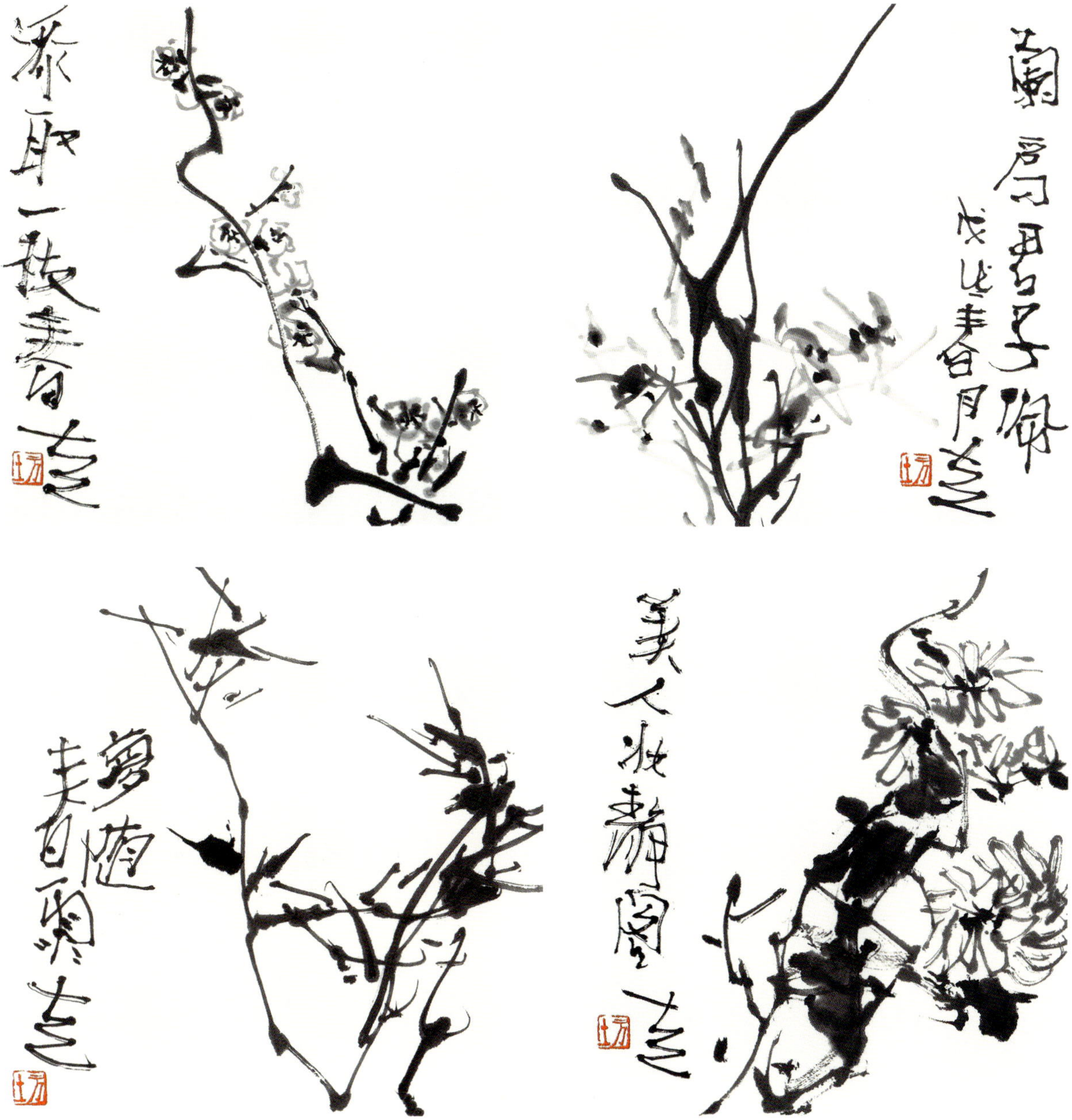

一枝春　34cm×34cm×4　纸本水墨　2018

烟波风月 136cm×34cm×4 纸本设色 2018

春物余妍　136cm × 34cm × 4　纸本水墨　2018

暗香浮动　136cm×34cm×4　纸本设色　2020

春消息　136cm×68cm　纸本设色　2018

遥望　136cm×68cm　纸本设色　2018

云山深处　136cm×408cm　纸本水墨　2016

闲赏步易远　136cm×408cm　纸本水墨　2016

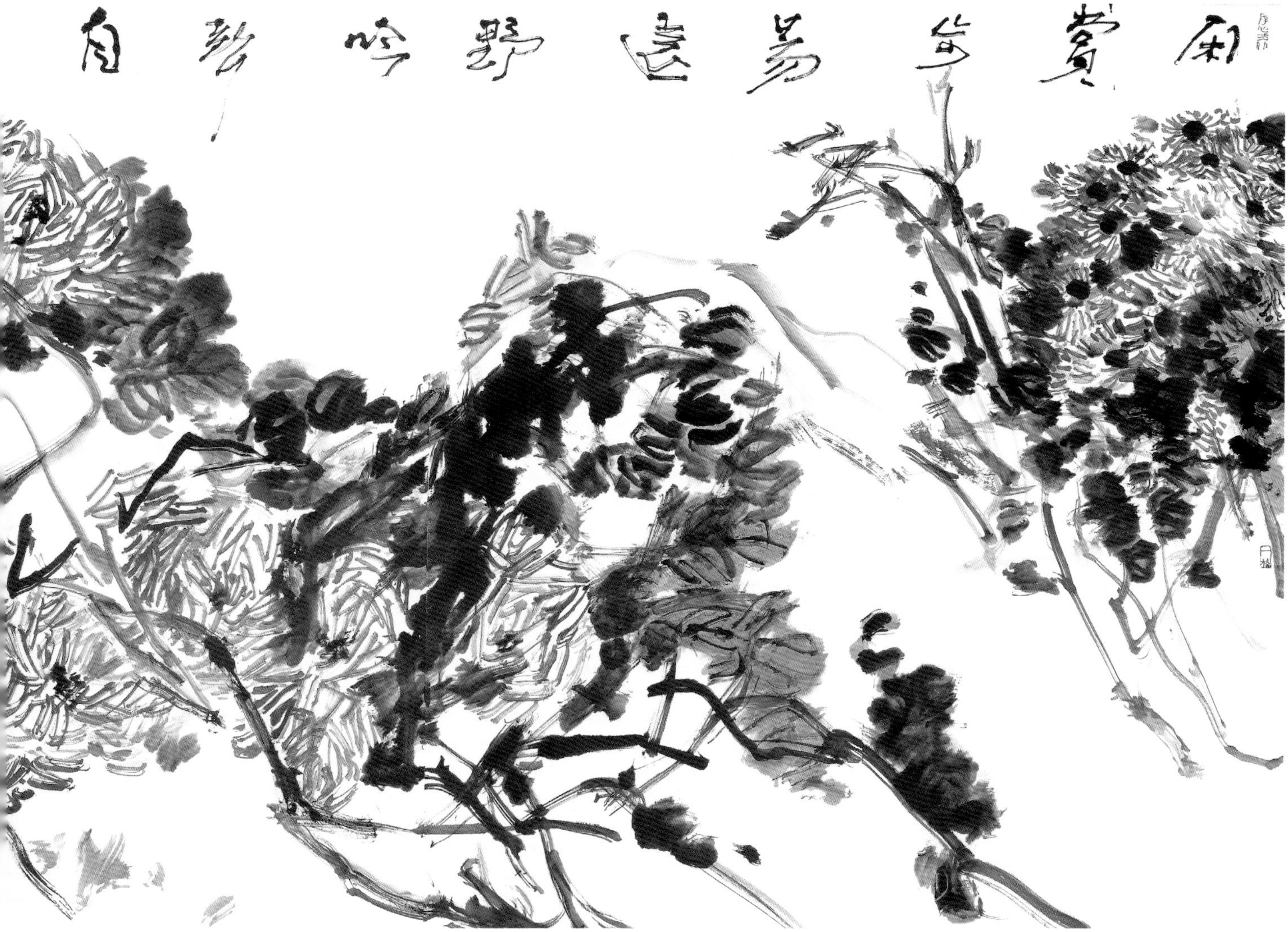

大地恩情·之一 245cm×64cm×4 纸本设色 2018

大地恩情·之二 245cm×64cm×4 纸本设色 2018

大体同悲·之一 180cm×96cm 纸本水墨 2020

大体同悲·之二　180cm×96cm　纸本水墨　2020

大体同悲·之三 180cm×96cm 纸本水墨 2020

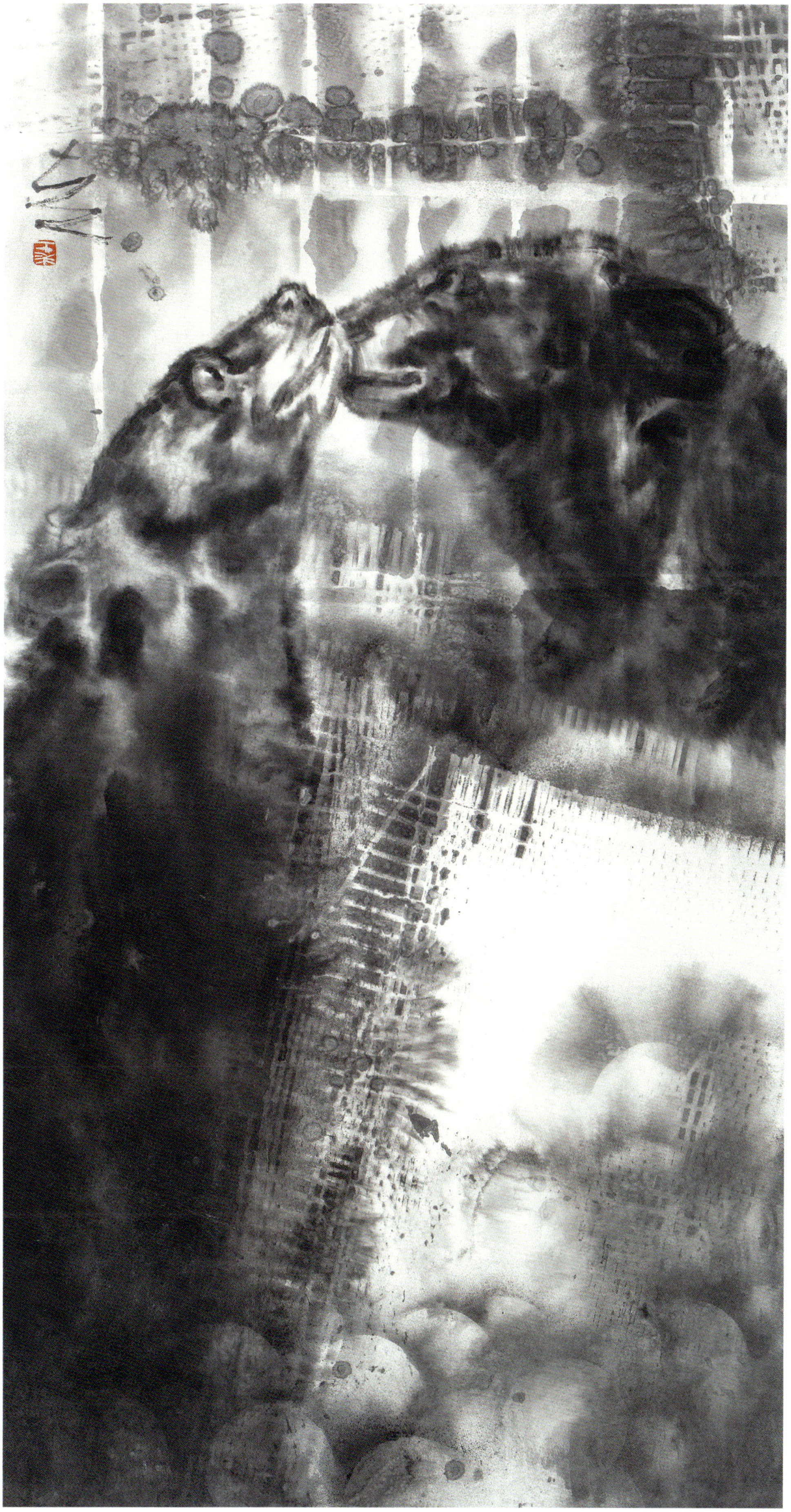

大体同悲·之四 180cm×96cm 纸本水墨 2020

大体同悲·之五 180cm×96cm 纸本设色 2020 【右页图】

大体同悲·之六　180cm×96cm　纸本设色　2020

大体同悲·之七 180cm×96cm 纸本设色 2020

大体同悲·之八　180cm×96cm　纸本设色　2020

大体同悲·之九　180cm×96cm　纸本设色　2020

禁猎区 145cm×360cm 纸本设色 2020

禁獵區

往昔寻迹

（随兴）

启蒙

——缅怀我的父亲

文／方土

我走上中国画之路，是受父亲启蒙。

儿时，每次父亲准备赶往隆江中学上班，我就会不顾一切抓紧单车，哭闹着不让走。无奈之下，父亲为了哄我，便买来了三色蜡笔，我竟不哭也不跟随了。稍长大，父亲又给我买来六色的，后来又有了十二色蜡笔……很快地，屋里的墙壁被我弄得一塌糊涂。不久，厨房筑了新灶，雪白的灶壁成了我第一次认真创作的“用武之地”，全部蜡笔颜色都用上，画了一条大金鱼和水草，效果出乎意料得好，邻居亲友见了都赞不绝口，尤其是父亲的同事，多数是大城市“下放”的老师，他们均建议父亲要下重本培养我。

父亲对我期待越来越高，“神童画家”成为奋斗目标。因为潮汕地区曾涌现出方楚雄、庄小尖、李照东等神童书画家，父亲对我信心倍增，每逢周末陪我到处写生。我6岁那年，父亲提着两筒绿豆饼（当年堪称珍贵礼品），带我到隆江镇上拜访一位远亲老人，人称“七爷”。年近八旬的七爷身体十分硬朗。依照吩咐，遵循旧式的拜师礼，我跪下叩头正儿八经拜七爷为师。自此接触毛笔、宣纸、墨条、端砚、印章等中国画材料工具。七爷先做示范，后赠予《芥子园画谱》，再后来，每隔一段时日，七爷就会托人带来新画稿让我临摹。那时候惠来特别贫困，怎么有可能买到宣纸呢？父亲委托汕头籍老师利用放假返程买来红星牌宣纸十张，年年都是如此，对我可真是下了重本。

记得读小学一年级时，第一节图画课我的作业就被老师打了100分，我还被当选为图画课代表。那年代政治运动不断，我是学校《漫画栏》的重点作者，小小

1965年方土（右一）两岁时与外曾祖母、父母及哥哥姐姐合影

刮痧高手　68cm×136cm　纸本设色　2013［上］
石壁题诗　68cm×136cm　纸本设色　2013［下］

父母亲的结婚照

年纪就尝试画毛主席像，这在当年是有风险的，因为画得不像就是“恶毒攻击伟大领袖”，有人就是这样被扣上帽子的，而我却有惊无险地完成了这项任务并得到了磨炼。

一晃，我告别小学，成为中学生，已然错过成为“神童画家”的年龄。父亲有点失望了，倒是贤惠达观的母亲安慰我：“有一技之长，当个油漆画工也行，总算没有让你爸白费心机。”听了这些话，泪水已模糊了我的双眼。那一年粉碎“四人帮”，次年全国又恢复高考，我返回县城读初二，同时被推荐加入惠来一中美术组，在那里我知道了以前做梦都没想到的事：画画还可以考大学！自此我信心满满，又觉着前途光明起来。说来好笑，因为画具未备，我的第一张色彩静物写生，还是用毛笔在宣纸上勾勒的。后来艰辛地考了四年，终归是“修成正果”被广州美院中国画系录取，毛笔宣纸注定跟我的生命融为了一体。这一切全仗父亲对我的启蒙教育与培养。

我的艺术渗透着父亲的心血，我一生所享受到的父爱是一般孩子无法比及的。

2012年是我心中永远的痛，父亲走了。不知在另一世界里，他老人家是否还能看到儿子的新画作？是否知道儿子的每一张画作都寄托着对父亲深深的思念……

1968年祖母一行从香港返乡探亲，全家合影（方土左一）

改名

文／方土

改名方土，第一个动议，是广州美院的李正天老师。这事还得从1986年讲起。

那时，我正在忙着广州美院的毕业创作，当知道自己将被分配到珠江电影制片厂工作时，突然心情异常的低落。想一想，这难道不是一踏出校门，就意味着要放下毛笔，彻底改行了吗？再往深想，这四年的大学苦功，不就这么给废了？

那年我23岁，正值青春年华，对未来和前途充满憧憬，可真正要踏入社会才发现现实很苍白。就是在这一状态下，我完成了毕业创作《岭南佳果》四联屏。始料不及的是，作品展出之后，效果特别好，得到不少名家和老师的好评以及对我未来去向的关注。广州美院油画系李正天教授就是其中之一。

众所周知，李正天老师是位耿直的人，"文革"时期因"李一哲大字报事件"轰动全国，为此还坐了牢，"文革"后得到平反。

李老师看了我的毕业创作非常激动，为表达对学生的赏识，特意让黄一瀚转告："李正天要请姓方的吃饭。"黄一瀚转达时，我简直欣喜若狂不敢相信。嘿嘿，居然有老师请学生上馆子这等美事？而且是请一个他并不相识的晚辈吃饭！在校期间，我听过李老师不少讲座，对他的渊博学识与独特的人格魅力十分崇敬！

终于等到约定的那一天。

饭桌上，本以为李老师会这样或那样的夸赞我，谁知一开腔，他便用沉重又略带几分严肃的语调说："你的名字，竟然挑战了我的记忆力！我三出三进展厅，都是为了记住'健群'这个名字，可一走出来还是忘了！这，足以证明你的名字根本就配不上你的作品。今日请你吃饭，只有一个目的，就是郑重其事地告诉你：必须改名！"

哇，李老师真是一位苛刻的哲人，一句句实在话，着实让我感觉出这顿饭的分量。

1992年方土与关山月、黎雄才在香港［左］
1997年方土与赖少其赏画［右］

接着，李老师更加亢奋起来，说："一个画家的知名度，与他叫什么名字是分不开的。就拿岭南的关山月来说吧，他的原名叫关泽霈，假如高剑父收徒时没有给这位徒弟改名，关泽霈的知名度就会大打折扣。按你'健群'的名字，将来一样没戏。根据你的画风，我考虑再三，建议你就改名：方重。"

我一个劲地点头，既兴奋又忐忑，因为那时的我瘦得像只猴，体重不足100斤，怎敢不自量力叫"方重"呢？李老师似乎揣测出我的顾虑，又强调一句："只要画有分量，就配得上这个名字！"

说实在，凡是画画的，谁不期望有一个响亮而过目不忘的好名字？古代的文人墨客，名字的内涵无不隐藏着各自不同的人生期许，暗示着对人格品位的追求。不胜唏嘘的是，我毕业后由于跨行从影，改名的事，也就暂且搁置下来。

又过了几年，美院86届几位同班同学相约在广东画院二楼展厅举办"动静辛未画展"，他们又拿我的名字开涮，说什么将来不是因为我的画，而是因为"健群"这名字太没内涵而进不了美术史。噢，有这么严重吗？我立即想到李老师曾经用心良苦的"方重"这个名字。没想到一说出来，段正黎同学心直口快，就说："什么，方重？也土！不如就叫'方土'得了。"哈哈，无意间的一句损话触动了我，我索性就将"方土"印在画展的请柬上。于是，这个名字也就慢慢传播开来。

后来遇见李老师，我说："'土'字的灵感还得归功于您，因为'重'的下部分就含有一个'土'。"李老师仰天大笑，伸出大拇指连声称道："好好好！"

从那以后，凡参加任何艺术活动均使用"方土"这个笔名，但又因与户口簿、身份证不相符，在生活上、工作上都带来诸多不便，尤其是报纸杂志寄来的稿酬，邮局经常因查无此人而退回。于是我下定决心彻底改名，可几次申请报告

上钩　33cm×33cm　纸本设色　2011 [上]
吟风　33cm×33cm　纸本设色　2011 [下]

少年六祖　34cm×68cm　纸本设色　2012［上］
暖脚图　48cm×74cm　纸本设色　2014［下］

1977年方土与画友林若熹、黄国武留影于惠来

递到公安局，结果答复都是：无先例，不批！

因为太麻烦，我几乎不想再为改名的事操心了。可有一天，省委老书记吴南生先生到“大方斋”画室喝茶，谈及我改名之事，老人家十分支持，立马不知给谁挂了个电话，一下子就全搞定了。户口簿一改，所有的一切（包括单位的个人档案）从此通通改为：方土。

“方土”两字易记易写，一目了然，点开百度搜索，竟没有一个与之同名，独一无二。更惬意的是，它暗含了“一方水土养一方人”“一方一净土，一叶一菩提”等名句。当然，好名字固然重要，但我仍然反感那些既没有本事，又爱拿名字来故作姿态、故弄玄虚、以奇取胜钻营的人，更甚的是还要计算笔画，还要请高人术士来卜卦、算命，说到底还是自欺欺人。其实，画家出名不出名，最终还得看本人的艺术造诣，不是吗？

生活中，更多的人喜欢称我老土、土哥，也有人直呼土爷、土匪的，我都欣然接受。偶尔听到有人喊叫“健群”，一般不是家乡的亲戚朋友，就是昔日的老同学，备感亲切！

手痒小记

文／方土

〇 体育竞技有标准，一代胜一代，纪录不断被刷新；艺术没标准，法无定法，罕有长江后浪推前浪者。

〇 同代人中出类拔萃，顶多算是个名家，经过几代人角逐才能称得上大师。

〇 业余画家总揣摩如何弥补造型、找规矩；专业画家总思索怎样摆脱造型、寻个性。结果，业余还是业余，专业还是专业。

〇 造物主创造自然美，艺术家创作主观美，后者延续前者的使命，继续开拓创作，故倍受世人敬重。

〇 诗人喜欢天马行空，画家偏好无中生有。

〇 得意忘形，于艺术是一种境界，于生活恐无栖身之所。

〇 做学问先细后粗，既为大家行径，也是养生之道。如：饶宗颐早年爬格子，晚年玩书画，成为大家，也康寿延年。

〇 中国画大器晚成者，凤毛麟角，晚年加速者有：林风眠、关良、赖少其等。

〇 急于设定个人风格者，玩着玩着，就会发现，原来只是搭了个空架子。

〇 老谋子告诫年轻人：要机会，不要选择。只有把握住机会，日后才有选择的资格。

〇 拜师，在于感受师傅的作画状态，不然，观画展、阅画册足矣。

〇 对艺术的执着，要如酒徒嗜酒那般疯狂。

〇 20世纪，夜间最活跃的三种人——小偷、小姐和艺术家。

〇 争分夺秒，不见得学有所成，不争朝夕，不等于没有收获。

〇 马儿跑，也要让马儿吃草。悠着点，艺术人生，身体好才是真的好。

〇 古人有“画如其人”之说，但观今人作画，清瘦者不见得工整细腻，魁梧者不见得大气磅礴。因而，画不一定如其人。

我之为我　34cm×68cm　纸本设色　2012

○“笔墨当随时代”之我见，笔墨当随传统，思想应随时代。

○ 没有传说，哪有宗教？没有宗教，哪有文化？没有想象，何来狂人？没有狂人，何来艺术？

○ 某画家下乡，自己不动笔，却备好画具颜料，让村民们互相对着写生，之后拼成一堵画墙，应邀美术馆展出，立即轰动业界。据说很多当代艺术家就是这么被发掘的。

○ 宝剑赠英雄，事实上是将“英雄”一并珍藏了，区别在于，将静态变为动态。

○ 商人羡慕官员得势，官员羡慕画家得闲，画家羡慕商人得利。

溜溜　34cm×34cm　纸本设色　2011

老土姓方，作画聪明，才气横溢。

一日口斗，我提意见，遂建议他是否可再画得笨一些、蠢一些，才气不横溢一些，惜老土大约与我毛病一样，要蠢一些不很容易呢。《五灯会元》有句云：『变土为金还容易，变金为土则还难』，此言不虚。

老土精力过剩，整日间会朋友谈人生，批评四周兄弟之生活态度，语带机锋，话含俏皮，偶有开罪朋友时，也经常悔之不迭，然悔过之后，第二日依然如故，此兄乃天性如此，望大伙不可对他要求太高。

老土快活天性则运气不错，运气不错后遂理想远大，又画传统，又画现代，又热心美术运动，且处处颇有成就，并时时妄想更上一层楼。老哥因比土君多吃过一些苦头，不时亦替老土小捏一把汗，然又一想老土尚年轻，没准被他真闯出个大大名堂也未可知。若能言中，则老哥幸甚，中国画坛幸甚。

大丰新建 识

两千零两年在潮州

朱新建 方土造像 纸本水墨 2002

另一角度

文／方土

○ 我的无奈是，一谦虚，让人觉恶心，一自狂，反而让人舒服。没辙，只能将狂傲进行到底。

○ 近年来，给我让座的人越来越多，自以为名气大，颇为得意。坐下，环顾，才发现属我年长，这与地铁上给老人让座有啥区别？！

○ 生人行熟礼，很快成为友人；熟人行生礼，避免成为仇人。

○ 人过四十，眼睛不自觉老花，这分明是造物主的旨意：凡事看开些、粗枝大叶些。

○ 恋爱没谈够就结婚，一辈子都在恋爱中。

○ 小别胜新婚，就像出国后更爱国一样。

○ 男女交往有三美：距离产生美、年龄产生美、陌生产生美。

○ 人的脸蛋，巴掌之大，五官结构、位置、功能大抵相同，却相貌各异。叹，造物主造化之神奇。

○ 水稻追求高产，天晓得哪天为了健康长寿，又折回头。

○ 我的疑惑，到底是身体愈来愈差，还是检测仪器愈来愈精确?

○ 登山时，见挑夫步履维艰，走得慢，但当我们稍歇片刻，立马就被他们赶上。做学问，应有这种挑夫精神。

○ 欧式装修挂上水墨画，不见得不协调。就像穿西装混搭牛仔裤，也是一种时尚。

○ 时下，卷轴装裱不再盛行，原因有二：一为画作易受潮变形，二为装框与装修更易搭配。

○ 一旦挂画，日久时长，忽然把画取走，总觉得墙壁缺了啥，甚至有一种被抄家的感觉。

砍竹去　34cm×68cm　纸本设色　2012

〇 据说，办公场所若不挂画，人待久了，难免枯燥、呆滞，脑子不够用，工作效率自然下降。

〇 美国唯独医院不挂画，究其原因，慎防仪器检测时，病人心绪波动，导致检测结果不准确。

〇 有的房子装修俗气，一旦挂上画，立马显得高雅；有的房子装修雅致，一旦挂上画，立马变得俗气。这取决于挂什么样的画。

〇 观客厅书画，一眼就能看出其主人的品位、志趣与财力。

〇 美术馆展品，不一定适合挂在家里。好比艳妆戏子出现在家里，怪吓人的，然而在舞台上，演员不化妆，观众便会有一种被忽悠的感觉。

〇 女人买衣服，买的是一种感觉，不见得会穿。只有喜好收藏的男人，才能理解女人衣柜里满满当当的衣服。

〇 昔年藏我画者，多为假买画，真帮忙，有眼光，够义气。

〇 多看博物馆长见识，多看美术馆开眼界。

〇 艺术需要人们带着敬畏之心慢慢靠近，像朝圣，而不是看热闹，更不是逛园子。

白石老人赏鸟图　48cm×74cm　纸本设色　2014［上］
他日相呼　48cm×74cm　纸本设色　2014［下］

○ 画眼多，而不觉吵闹，是为难得好画。

○ 作画有两算：人算，即胸有成竹，可谓本事；天算，即鬼斧神工，可谓造化。是故，人算不如天算。

○ 画画三变：青年时宜为变而变；中年时宜顺势而变；年老时宜以不变应万变。

○ 握笔，有的看似握紧，可轻碰，掉之。有的看似手抖，然画出来的线轻松自如，尤为耐看。

○ 传统如迷宫，进不易，出更难。

○ 要得水墨真趣，从画“黑人”入手，无妨一试。

○ 画画不喜欢起稿，一旦有了草稿，就像热恋中第三者闯入，心神不定。

○ 一张好画，往往是毛笔和宣纸帮忙，就像唱K麦克风帮忙一样。

○ 话不能搬弄，一搬弄就走样；画不能复制，一复制就跑神。

○ 出差旅游，食好住好，但总觉得人在飘，时日渐长，自然就会想回家。于我而言，画兰写竹，犹如回家。

○ 写意画之难，好比钢丝上翻跟斗，失足者多，敢于重头再来者少。

○ 工笔画，重讲理；写意画，重讲情。情理皆由心定。

○ 十分赞同觉公的说法：一幅画如果不接气，就是再好，也不想看。

○ 一幅好画，无论创作如何艰辛，其表现形式一定要让观者觉得轻松、愉悦。

○ 宇宙是个圆，圆则生动，动则生气，气通则万物轮转，轮转得天地氤氲。品画同此理。

2016年在家乡惠来神泉海边

混成杂家

文／方土

当集子排版就绪，竟有点儿五味杂陈的感觉。这或许是编书的大忌吧，不过，我倒想明白了，让它们彻底杂在一起。当个旁观者，看看自己到底走了多少路，拐了多少个弯，这兴许能为未来要走的路，启示点什么。

回望过去，我的艺术没有坦途，从实验水墨到主旋律创作，从花鸟画到人物画、山水画；有传统、当代的；有具象、有抽象的；有制作还有即兴小品，等等，均有涉猎。试想，将不同时期各种媒质的作品，合拢在一个集子里，能不杂冗吗？

扪心自问：怎会涉猎这么多的题材？又怎会有如此多的路子？到底在寻找什么？又想定格什么？突然被自己吓到了，我竟混成杂家，一个“居无定所”的游子。

时代转瞬千里，我没法变得安分，多变、善变仍是我应对的一项习惯。曾有人打趣问我：钱多了，是先盖楼还是扩地？我乐于选择后者，因为地窄楼是盖不高的，而先开疆拓土，日后定有琼楼玉宇。早在实验水墨之时，我就认识到凡模式化的创作，必定会减弱艺术的激情状态。一直以来，我绝不画地为牢，而是尝试用不同方式极大地拓展水墨语言固有的疆域，愿以拙笔写意，纵横涂抹，让情趣自生。

王国维云：“有造境，有写境”“有有我之境，有无我之境”。恰好叙述了多元风格的格局底蕴。放眼西方，画风守一与画风多元的有两个典型范例：一为凡·高，对艺术有燃烧一般的热情，留下不少极个性化的作品，可惜生命苦短；一为毕加索，现代艺术的创始人，一生辉煌且长寿。有时在想，假如将两个人所处时代对调，凡·高还能画风守一吗？而毕加索未必就能不拘一格，可见“好风凭借力”之关键。

山外有山　34cm×136cm　纸本墨笔　2020

平心而论，我更偏爱毕加索的绘画轨迹，尤其是他三十岁后进入一个又一个不安分的探索时期，从具象到抽象，从平面到立体，这需要绝对的自信和底气。他在与马蒂斯的竞争中断言：“糟糕的艺术家复制作品，好的艺术家窃取灵感。”我承认，在实验水墨中努力为开辟一种全新的可能性，其中所运用“打散重构”的思维方式，就深受毕加索极大的影响。

事实上，我已染上东西文化融合的底色，在对西方艺术观念认知与适应的同时，又对传统水墨不断回望不断反思。无论怎么说，我的路子跟随时代而迂回，于曲折中求变，日常间隙，时而随兴“梅兰竹菊”，惬意之至，有如下海畅游；时而执着“实验水墨”，意想天开，好比登高望远。无论涉足传统还是当代，当人与作品形成一种状态时，灵光乍现，笔如有神。

扯远了，翻回本集子。不难发现我以艺术为最爱，对水墨边界充满好奇，但依然未能免俗，还是抛不下体制内在职尽责的使命感。读者真想解读，恐怕要用跳跃性思维去审视，结合时代背景去体察，从个人的品性去考量……这其中的真趣与无奈，自能品味一二。

2020年12月于中国国家画院

后记

文 / 方土

现在出集子，无论是大小开本，精装还是简装，都没有先前那般新鲜、兴奋了。

大家知道，微信横空出现，人们早已习惯用手机去传播个人信息。就说我自己，每外出写生或有新作，便迫不及待发朋友圈，瞬时即有很多点赞，确切体会到被关注带来的欣慰。人嘛，永远像个小孩，幸福感无外乎受到夸赞。

活在当下，越来越依赖手机了。手机可简化生活，也可随时随地的观看和找资料。微信的分享方式，让作品与外界秒间立享，远比出集子赠人来得更为便捷，受众群更广。我多年对微信的把玩，仿佛找到一条释放自我的通道。可不，无论是新老朋友，一加上微信，彼此即可互动，对方的喜好、状态和近况点开便知，就像翻阅画册，还可点评、转发、下载、保存，互动之余能觉着几分人情味儿。此外，可入群，当潜水员；可退群，不动声色；可建群，当个群主，威风八面。当然，对不爽的人，还可拉黑……总之，这玩艺儿蛮有意思的。

自媒体兴起，人人都可以自媒体。自打有了微博、微信、抖音、公众号、视频网站的涌出，几乎所有纸媒都受到严重冲击。想想以前要个书号出版多难啊，简直跟北京车牌摇号似的。现在呢，自媒体让所有人都可自我展现，只是人时常会犯傻，容易得到的东西，轻易办到的事，欲望反倒不强了。就像政府开放二孩，能产育的年轻人大都不想多生了。世界太大，未知太多，如同水无常势，说不定有朝一日又有什么新自媒体出现。

无论怎么说，应该感谢子游仁兄，此册是他主编的系列丛书之一，能够入他法眼着实不多，若不是再三催促，恐怕要拖到猴年马月了。至于收入集子里的画，因时间跨度大，略显杂冗，的确没什么值得吆喝。当然，凡画出来的，就像

2016年于广州红专厂

自己的孩子，幅幅都感觉良好。负责排版的陈旭老弟，真够负责，版式内容任由我替换调整，从无怨言。意想不到的是，当集子校审完毕，我重新翻阅，竟有一种久违的感动，其份量完全是手指滑动手机屏幕替代不了的感觉。

愿此集子，伴您在居家防疫情时，心安一处，偶尔翻翻，减少些许的无聊、焦虑与烦躁。

2021年1月

1983年方土（时年20岁）就读广州美术学院一年级，暑假赴河南巩县写生作品

方土附录

Fang Tu

出版有《中国艺术家年鉴·方土卷》《方健群画集》《广州画院·方土画集》《方土画集》《二十一世纪中国新水墨艺术家·方土》《老土·兰竹随笔》《一格集·方土兰谱》《方土·架上水墨》《中国名家画库·方土》《水墨风格·方土》《当代经典画史人物卷·方土》《砖头——2008·纪念改革开放三十周年·广州画院画家大系·方土》《大家讲堂·当代国画大家范本鉴赏·方土——花鸟卷》《大家讲堂·当代国画大家范本鉴赏·方土——人物卷》《中国当代著名画家作品集·方土》《中国美术大事记——方土艺术创作状态》《特区·崛起——国家重大历史题材美术创作工程·方土卷》《中国美术家大系第三辑·方土卷》《水墨方土》《看看——方土写意山水小品》《大家——当代岭南中国画双年展作品集·方土卷》《传承开拓——当代岭南中国画大展作品集卷三·方土》《漠视写生——方土写生作品集》《广州市美术家协会主席团作品集（二）方土》《百问·方土》《传灯集——广州画院画家系列丛书（一）方土》等。

艺术履历

（不包括创作年表）

1963–1970年　幼年启蒙

1963年4月5日（农历）　出生于广东省惠来县的一个教师家庭，父母为其起名“方健群”。父亲方兆沛曾先后任教于葵潭中学、隆江中学、华侨中学。母亲方舜珍勤俭持家，以裁缝帮补家计。育有子女八人，方土排行第三。6岁那年，因哭闹要跟着父亲去上班，父亲为了哄他，买了三色蜡笔。说来神奇，拿到三色笔的方土像中了魔法，立即安静下来，到处涂鸦。从三色到六色再到十二色，小小蜡笔打开了方土的艺术之门。七岁时于家中墙壁画一金鱼，见者无不称赞。父亲发现儿子有绘画天分，带他叩头拜师年过八旬、人称“七爷”的远房亲戚张铁良。自此方土开始临学《芥子园画谱》。父亲还下重本培养，每逢假期便托同事从汕头买来红星宣纸和墨条，期望寒门能出贵子。

1970–1976年　童年无邪

1970年（7岁）　就读惠城英内小学，被选为图画课代表。后因瘦小体弱常被大个子同学欺负，不愿上学。父母决定让姐弟同班，原本因家贫不能上学的姐姐也获准上学，为此方土复读一年级。念三年级时因图画特长加入红小兵，参加学校各种宣传栏和黑板报绘制。觉得不过瘾，还在自家墙壁私设一个专栏，并尝试画毛主席像。打开方土绘画视野的，还包括县里的新华书店。几乎店里所有的连环画、宣传画被他翻了个遍，并想方设法问父母要钱买回家临摹。此外，还有工艺合作社、木雕厂、竹艺厂和街头不断更新的宣传壁画，都对方土的绘画产生深刻影响。

1976–1982年　少年磨难

1976年（13岁）　就读隆江中学初一文艺班。借父亲当老师的便利，每到务农日就获准假画画。当时七爷也在隆江镇居住，方土不时会去讨教。

是年，临摹父亲同事从汕头借来的王兰若原作《神仙鱼图》。

1977年（14岁）　转学惠来一中念初二，加入惠来一中美术组，开始接触素描、色彩与速写等新课程。师从县文化馆许苏良先生，与黄国武、林若熹为同窗好友。

1978年（15岁） 临摹杨之光先生的作品印刷品《贴心人》。

1979年（16岁） 本着练兵心态，报考汕头工艺美校、广东省工艺美校获准考，未考上。

1980年（17岁） 报考广州美院附中、广州美院油画系获准考，未考上。

1981年（18岁） 报考广州美院工艺系获准考，未考上。

是年，打算放弃考学，应聘惠城露天电影院美工。不料被某油漆工挤占了名额，只能继续艺考谋求出路。由于每次考败都是英语失分，父亲特送方土前往广州补习英语，老师是其父老同事赵淑娴女士。

1982年（19岁） 报考广州美院中国画系，汕头地区获准考只有两名，方土终于以英语32分全班第二的成绩，考入广州美术学院中国画系，从此改写个人命运。

1982—1986年 求学修业

1982年（19岁） 入读广州美术学院中国画系，全班共16人。

是年，结识师兄黄一瀚，时常一起切磋画艺。大一寒假，共赴韶关红工煤矿采风。

1983年（20岁） 大一暑期，人生第一次乘坐火车迈出广东，与同学赵小林赴郑州、洛阳，沿黄河流域采风写生。后独上华山，独游西安古都。

1984年（21岁） 大二上学期，由林丰俗老师带队赴佛山西樵山进行山水课写生。结识陈永锵先生并拜读其作品，开始对花鸟画产生兴趣。

1985年（22岁） 大三分科，广州美院首设花鸟画科。方土被系里选中并任学科代表。同学有：赵煜、杨红、陈湘波，半年后加入从西安美院转学来的王小燕。任课老师分别是：陈章绩、尚涛、周彦生、张治安、方楚雄。其时方土深受吴昌硕画风影响，执着于海派大写意。

是年，由张治安老师领队赴云南西双版纳写生。途经昆明得到舞蹈家刀美兰夫妇的热情款待，并特请王晋元先生授课。

1986年（23岁） 毕业创作展上，方土大写意四条屏《岭南花果·四屏》大获好评。之后作品被刊登在美院学报，又刊发在具有全国影响力的杂志《画廊》封二，备受画坛关注。李正天老师宴请方土，建议他改掉“方健群”一名。

1986-1992年　新硎初试

1986年（23岁）　服从分配进入珠江电影制片厂任职美工。上班不久，恰好"反对资产阶级自由化"，很多电影停拍检查。为了生计，方土画过广交会的广告画，接拍电视广告，制作KTV影碟，承接家装、平面设计、印刷、雕塑等工程。后得杨之光先生推荐，新加坡收藏家订购方土一批画作，他转身成为当年少见的万元户。

1987年（24岁）　作品《红荷》代表中国参加"阿尔及尔——世界文化荟萃"并获"集体金牌奖"。

1988年（25岁）　广东美协黄奕生、欧焕礼亲临珠影，特邀方土举办个展。珠影时代动画厂周承人先生提供创作空间，方土得以创作六十余件作品。

是年8月，"第28回·星河展——方健群画展"在广州展出，这是方土大学毕业后的首次个展。广州画院院长陈永锵为画展作序，艺评家李伟铭为其撰写评论并在《南方日报》发表，广获业界好评。后被广州画院聘为院外画家。

1989年（26岁）　第一次参加电影摄制，随《武占江》赴江西省上饶市开机。承包拍摄电视剧《阿牛的故事》上下集，任制片主任。

1990年（27岁）　第一本个人画册《方建群画集》由岭南美术出版社出版。

1991年（28岁）　被评为四级电影美术师。

是年5月，参加广东省美术家协会主办的"动静·辛未展"，第一次以"方土"名字出现。

1992-2002年　另辟蹊径

1992年（29岁）　创作《散物系列》，以前卫的姿态开始了长达十年"实验水墨"的探索，期间接受中央电视台"美术星空"栏目五次专访。

是年7月，正式调入广州画院，创作《洄墨系列》。

1993年（30岁）　任广州画院拓展部负责人，筹备广州大艺术广告公司，协助陈永锵院长策划"广州美院、广东画院、广州画院三院联展"，陪同关山月、黎雄才等老先生赴香港。

1994年（31岁）　《天长地久》入选"第八届全国美展"并获广东省美展铜奖。

是年，不再兼任拓展部工作，转为专职画家，评为国家三级美术师。

是年，与杨慕耘喜结连理。

1995年（32岁） 儿子方介出生。

是年，创作《天大地大》系列。《广州画院·方土画集》由岭南美术出版社出版。

1996年（33岁） 作品《天大地大》系列参加在中国美术馆举办的"当代中国水墨现状展"，同展画家有龙瑞、田黎明、刘庆和、李孝萱、唐勇力、刘进安等。这是方土作品首次在京亮相。作品《天大地大》《散物系列》被韩国亚细亚美术馆收藏。

1997年（34岁） 文化体制改革如火如荼，文化人士纷纷下海。在乡贤方天龙先生资助下，与林墉先生共同设立"大方斋"。

是年，随"中国雕塑家代表团"赴俄罗斯考察。

是年，由广州信龙集团赞助，与张羽先生共同发起在广州召开"走向21世纪中国当代水墨研讨会"，皮道坚先生任学术主持。

1998年（35岁） 《天大地大》入选"蜕变突破·华人新艺术展"（1998年至2001年于美国、墨西哥、澳洲及中国香港巡回展出）。

是年，与友人方天龙先生策划创办"逸品堂·艺术沙龙"，林墉任艺术总监，方土任艺术主持。期间接待过部分领导人以及华君武、王己千、关山月、赖少其、黄永玉等艺术家，举办大小型画展三十余次，三年后因故停止运营。在逸品堂短短的三年里，与北方艺术家广泛交流，作品风格南北兼收。

是年，广州市东山区东湖街派出所办理"方土"更名手续。

是年，著名美术评论家郎绍君、刘骁纯先生到访，对方土梅兰竹菊条屏作品赞赏，建议其回归传统笔墨。

是年，评为国家二级美术师。入选"广州市文化局高级人才培养对象"。

1999年（36岁） 《昔日》入选"第九届全国美术作品展"。

是年，入选《世界华人艺术家成就大典》。

是年，作品《天长地久》《少年中国说》被广东美术馆收藏。

是年，随“广东美术家代表团”访欧，赴法兰克福、慕尼黑、维也纳、威尼斯、佛罗伦萨、比萨、罗马、米兰、尼斯、摩纳哥、里昂、巴黎、卢森堡、布鲁塞尔、阿姆斯特丹、科隆市、海德堡。

是年，作品《梅兰竹菊》获首届广东省中国画展银奖。

是年，参加“第六届广东省美术家协会会员代表大会”并当选为理事。参加“桑梓情深·助学意长”活动，为筹集潮汕特困大学生助学金捐赠书画义卖。

2000年（37岁） 举办个展“方土画展”（台北）。个人画集《方土画集》由台湾名传艺术中心出版。

是年，作品《新晴》获第二届广东省中国画展优秀奖。

2001年（38岁） 作品《IT分子》系列入选由范迪安先生担任学术主持的“水墨本色·当代中国画邀请展”并在中国美术馆展出，范迪安先生为方土撰文《网络时代的水墨》。

是年，作品《IT分子·之一》被中国美术馆收藏，作品《IT分子·之二》被广东美术馆收藏。作品《天大地大·之一》被香港艺术馆收藏。个人画集《二十一世纪中国新水墨艺术家·方土》由岭南美术出版社出版。

2002–2010年 任重道远

2002年（39岁） 不再兼任逸品堂职务，重返广州画院。协助院长完善“广州画院·岭南美术城”拆迁户返迁、大楼房产证办理等事宜，推动广州国际艺术博览会项目。

2003年（40岁） 任广州画院副院长，评为国家一级美术师。

是年，当选为广东省青年联合会委员。

是年，《花卉四题》入选“首届中国北京国际美术双年展序列展·全国当代花鸟艺术大展”并获优秀奖（最高奖）；举办个展“老土·兰竹随笔”（广州），并由香港艺苑出版社出版《老土·兰竹随笔》画集；举办个展“方土·与兰共舞画展”（深圳）；个人画集《一格集·方土兰谱》由香港艺苑出版社出版。

是年，《羊城晚报》刊登方土自画像，配上唐朝人先生文章《比上不足，比下有余》。光头、胡须，成为方土个人的形象标志。

2004年（41岁） 《人类的朋友》入选"第十届全国美术作品展"并获优秀奖 。

是年，赴京学习一个月，获清华大学"可持续发展领导型人才高级研修班"结业证书。入选广东省高级人才评委库。

是年，举办个展"可能——方土实验水墨展"（汕头）；举办个展"感觉——方土日课水墨展"（汕头）；举办个展"读方土水墨小品展"（广州）；举办个展"方土·架上水墨展"（巴黎）。作品《梅兰竹菊》《昔日》被广州艺术博物院收藏。

2005年（42岁） 履新广州画院法人代表、主持画院全面工作。主抓人才建设，调进方瑞等人，人才储备梯队逐步形成。后筹划广州画院新址项目，获批选址广州大学城。

是年，受市场经济影响，相关部门出台"五合一"改革方案，要求广州画院与其他四个处级单位合并成立"广州文学艺术创作中心"。很快相关部门又换新帅，方土当机立断致函上级领导力主保留画院。经过论证，终于保住广州画院独立法人单位的建制。

是年，当选为第八届广东省美术家协会副主席。

是年，加入中国美术家协会。

是年，作品《儿子的旱冰鞋》被广州艺术博物院收藏。

2006年（43岁） 受聘第十六届亚运会会徽专家评审组成员、广东大学生校园文化活动顾问。

是年，应广东美术馆之邀创作《殇》300cm×1400cm（与方瑞合作）并被收藏。

2007年（44岁） 任广州画院院长；当选为广东省青年联合会第九届委员会常委。

是年，为纪念广州起义80周年，与广州军区文艺创作室联动赴广西边境、海南诸岛，深入军营写生，创作一系列作品。

是年，入选"第二届当代中国画学术论坛——北大论坛"，登上"百年讲堂"做专题演讲；广州日报发表《方土：要警惕另一种"主旋律"》文章。

是年，获"当代岭南文化名人五十家"提名奖；获第六届"广东省十大杰出青年"提名奖。

是年，作品编入《中国画名家画库》《中国大事记》。作品《清风》被中国美术馆收藏。个人画集《水墨风格·方土》由四川美术出版社出版。

2008年（45岁） 当选中国美术家协会第七届理事会理事。

是年，带领广州画院画家义卖作品，所获二百多万元全部捐赠汶川灾区，获中共广州市委、市政府授予“广州市抗震救灾先进个人荣誉称号”。

是年，当选为广州各界知识分子联谊会副会长；入选“广州市优秀专家”。

是年，随文化部组织的艺术家代表团赴肯尼亚、坦桑尼亚采风；作品《热风》搭载“神舟七号”飞船遨游太空。

是年，举办个展“游心方外——方土水墨展”（珠海）。个人画集《当代经典画史人物卷·方土》由中国书画艺术出版社出版；个人画集《砖头——2008·纪念改革开放三十周年·广州画院画家大系·方土》由岭南美术出版社出版。

2009年（46岁） 受聘南京书画院艺术顾问。

是年，创作《特区开发》初选入选国家重大历史题材美术创作工程。

是年，个人画集《大家讲堂·当代国画大家范本鉴赏·方土——花鸟卷》《大家讲堂·当代国画大家范本鉴赏·方土——人物卷》由安徽美术出版社出版；个人画集《中国当代著名画家作品集·方土》由湖北美术出版社出版。

2010年（47岁） 受聘广东陆军预备役高射炮兵师画院名誉院长。

是年，举办个展“给点颜色看看——方土作品展”（广州）。个人画集《中国美术大事记——方土艺术创作状态》由中国文史出版社出版；个人画集《特区·崛起——国家重大历史题材美术创作工程·方土卷》由安徽美术出版社出版。

2010–2019年 履职尽责

2010年（47岁） 方土当选为广州市人大代表。

是年，呼吁广州市政府保留原鹰金钱罐头厂地块，获准经营十年，终打造出一个具有全国影响力的“红专厂艺术产业园”（2019年闭园整修）。

2011年（48岁） 当选为中国画学会创会常务理事。

是年，受聘广州美术学院客座教授，广州市美术中学名誉校长。

是年，作品《廖仲恺先生造像》入选“回望中国——纪念辛亥革命100周年综合美术作品展”获优秀奖（最高奖）；作品《春渚》被安徽省博物馆收藏。

2012年（49岁） 当选第九届广东省美术家协会副主席；当选第四届中国美术家协会中国画艺术委员会委员；受聘海峡两岸关系协会书画交流分会创会理事。

是年，广州画院成立三十年，邀请刘大为、冯远、杨晓阳、何家英、许钦松、刘健、周京新、袁武、何水法等名家及全国各地画院代表出席庆典活动。当晚广州市委书记、市长与艺术家们一起为广州画院庆生切蛋糕。

是年，经方土倡议，由中国国家画院、广州画院、广州美术学院联合实施公益性项目“广州国家青苗画家培育计划”，杨晓阳、黎明、方土担任项目召集人（注：该计划开设有名家走访、名家讲座、名家对话、走进校园、服务社区、晋京汇展、采风写生等活动；每三年为一期，从一期50名、二期80名，发展到三期240名。先后得到广东省委宣传部、广州市委宣传部、中国美术家协会的大力支持并作为指导单位。）

是年，父亲方兆沛病故。

2013年（50岁） 当选中国美术家协会第八届理事会理事。

是年，随广州画院乔迁大学城，搬进东405画室。

是年，受聘广州梅社副社长；作品《上善若水》被广州国家档案馆收藏。

2014年（51岁） 当选为首届广东省中国画学会执行会长。

是年，《岁月如歌》入选“第十二届全国美术作品展”。

是年，受聘华南理工大学客座教授，岭南画派纪念馆学术咨询委员，《羊城晚报》艺术研究院艺委会委员。

是年，为重塑广东“四大名山”文化品牌，推动岭南名家与名山艺术联动，由方土策划，广东省委宣传部指导，《南方日报》、广州画院联合主办“山不在高——广东四大名山画卷创作”系列活动。自此开启了方土的山水画写生实践之程。

是年，举办个展“看看——方土写意山水小品展”（广州）；举办个展“大学小筑—方土小品大作展”（广州）。个人画集《大家——当代岭南中国画双年展作品集·方土卷》由安徽美术出版社出版；个人画集《看看——方土写意山水小品集》《大学小筑——方土小品大作》由岭南美术出版社出版。

2015年（52岁） 以人大代表身份提案建设“广州当代美术馆”，获准立项，选址广州塔南侧，命名为“广州美术馆”。

是年，受聘广州大学客座教授，暨南大学客座教授。

是年，举办个展“漠视写生——方土写生作品首展”（广州）。个人画集《漠视写生——方土写生作品集》由花城美术出版社出版；个人画集《广州市美术家协会主席团作品集（二）方土》由岭南美术出版社出版。

2016年（53岁） 当选为第十次全国文代会代表；受聘“广东美术百年大展”组委会委员。

是年，在复旦大学“广州市人大代表专题学习班”脱产学习。

是年，参加“文化中国·名家讲坛”赴智利、秘鲁、巴西三国进行专题岭南文化讲座、交流与传播。

是年，个人画集《百问·方土》由羊城晚报出版社出版。

2017年（54岁） 当选第十届广东省美术家协会副主席，兼任中国画艺委会主任。

是年，被评为“广东省宣传思想文化领军人才”；评为“广东省中青年德艺双馨艺术家”。

是年，当选为第十三届广东省人大代表；受聘西安美术学院硕士生导师。

2018年（55岁） 当选中国美术家协会第九届理事会理事。

是年，改造原广州画院旧楼展厅，定名“先生画馆”。

是年，为迎接“全球财富论坛”客人莅临广州画院，与郑阿湃、宋陆京、潘小明、林于思合作巨幅作品《天滋地养》366cm×1600cm。该作品入选2018年中央电视台（珠海会场）春晚节目。

是年，担任“第十三届全国美展”海外及港澳台展区评委。

是年，儿子方介于香港大学机械工程学专业理科硕士研究生毕业，入职广汽集团。

特区开发　295cm×576cm　纸本设色　2009
（初选入选国家重大历史题材美术创作工程）

中国制造·大飞机　225cm×450cm　纸本设色　2020　方土、王鹏程合作
（签约"红船颂"庆祝中国共产党成立100周年全国美术精品创作工程）

2019—2020年 晋京履新

2019年（56岁） 当选为第二届广东省中国画学会执行会长。

是年，《领路人》入选“第十三届全国美术作品展”。

是年，调入中国国家画院。

是年，作品《广交会》230cm×300cm（与陈川合作）被中国美术馆收藏。

2020年（57岁） 主动提出卸任广州画院院长（任职广州画院院长期间，无论从人才建设到设施建设都取得圆满成果，并积极组织画家投身主题性创作，多次在重要展事上喜获佳绩）。

是年，中国国家画院新大楼落成，搬入新画室。

是年，作品《中国制造·大飞机》225cm×450cm（与王鹏程合作）签约由中国美术家协会主办的“红船颂”庆祝中国共产党成立100周年全国美术精品创作工程。

是年，在“新冠”肺炎疫情发生期间，创作抗击疫情系列作品《人民重托》《长江中流》等。疫情控制后，分别前往苏州、张家界、北京十渡、长城采风写生。

是年，创办广州“东湖·青苗学堂”，并为青苗三期学员授课，接着又带领青苗画家赴贵州省荔波县写生。

是年，为国家文化和旅游部下达的“黄河文化主题美术创作项目”赴九曲黄河沿线采风写生。为“大别山精神暨红25军历史题材写生创作项目”赴河南省采风。

是年，受聘澳门大学客座教授。为“赖少其艺术馆”题匾。

是年，任国家画院人物所副所长。聘为广州画院名誉院长。

是年，当选第五届中国美术家协会中国画艺术委员会委员。

是年，2009年创作的《特区开发》295cm×576cm收录由中国中共党史学会、中国国家博物馆、中国军事博物馆、中国美术馆合编的《中国共产党百年画典》（中共党史出版社出版），同时被教育部部编教材《中国共产党历史大学生读本》（人民出版社出版）引用。

春运　215cm×488.5cm　纸本水墨　2018　方土、王鹏程合作

（入选“大潮起珠江　庆祝改革开放四十周年——全国美术作品展”）

广交会　230cm×300cm　纸本设色　2018　方土、陈川合作

（入选国家一带一路美术创作工程／入选中央广播电视总台百集特别节目《美术经典中的党史》）

殇 300cm×1400cm 纸本设色 2005 方土、方瑞合作

补记

1945年，日本降于南京，吾国之旷世浩劫，八年之生死存亡，于完胜之局中画上句号。七十多年来，世情更替，风物维新，抗战之往事，伟人之旧迹，时入吾梦。稽抗战之历史，虽泱泱大国承百世之荣辱，然国人同仇敌忾与正义必胜之信念，诚为民族瑰宝。

河山怀先烈，往史继千秋，谨以庄敬之至诚和尊重写实之法显关照现实之情怀创作，忆往昔之风云现场、儿女悲愿、英雄怒啸。虽时移事迁，犹可同慨！盛世复兴，国耻莫忘。

2005年《殇》入选“纪念抗日战争胜利六十周年特展”（广东美术馆收藏），方土、方瑞于现场

天地滋养　满园芬芳

——超大型水墨花鸟画《天滋地养》图赞（节选）

文／郑靖山

丁酉年冬，党的十九大胜利召开不久，在这座以花著名的城市，广州的画家们以“花城”之花为题，奉献一个美术的“花花世界”。出人意表的是，这幅由11张丈二整纸竖排连成的花鸟画巨作，不仅仅尺寸为广东省古今花鸟画之冠，更是一次超大型中国传统花鸟画现代表达的成功尝试。

参与创作此图的方土、郑阿湃、宋陆京、潘小明、林于思等人，是清一色的岭南画家青壮派，在传承传统、革新兼容方面独具实力。他们各有所长，风格各异，但在此作品中，却神奇地统一到一个风格上来而又处处有特点、有看头，充分体现中国审美“和而不同”“兼和有度”的情趣，这让人不得不佩服总策划方土的谋篇布局能力和参与者的团队精神。尤其出彩的是，中国新水墨画院院长邵戈观画后的即兴题款“天滋地养”，把整个画面的精气神提炼到了极致。岭南花繁果硕、四季常青，可不就是天滋地养的结果嘛！可不就是大自然的恩赐嘛！品味题款，再观画面，一种敬畏天地、礼敬自然的情怀油然而生，一种道法自然、天人合一的理性油然而生。而宋陆京的题款则直接道出此作的寓意，“岭南百花时代新。喜逢中共十九大胜利召开，举国同庆，万众祈颂，又迎十四届财富全球论坛在穗举行，时天高气爽，粤岭毓秀，百花盛开，万象更新，幸四方宾客莅临广州画院，欢欣鼓舞，兴之所至，写意抒怀。”难怪闻讯赶来观赏此画的中外嘉宾，大赞画美、意美、韵美，更感叹中国画的神奇表现力。

2017年方土、郑阿湃、宋陆京、潘小明、林于思合作《天滋地养》创作现场

特别感谢以下单位大力支持
岭南墨社
画友会馆
当代中国画艺术生态研究所
大观书巢
《画友周刊》
《典胜新南方艺术》
怀君设计制作工作室

天滋地养　366cm×1600cm　纸本设色　2017　方土、郑阿湃、宋陆京、潘小明、林于思合作
（入选2018年中央电视台〔珠海会场〕春晚节目）

中国人的审美理想与西方审美有大同也有小异，甚至不仅仅是“小异”，譬如在讲究“神形兼济、诗画合一”方面，中国画便执着于追求高于一般形式美的神韵、情怀、借喻。形容一个美女，可以讲“翩若惊鸿，婉若游龙”“仿佛兮若轻云之蔽月，飘摇兮若流风之回雪”；形容一种花卉，可以讲“暗暗淡淡紫，融融冶冶黄。陶令篱边色，罗含宅里香”。写意花鸟画可以说是最得此神韵，最讲究画意与物语、挥洒与传神、笔墨与诗文、娱人与自娱的统一，甚至陈师曾概括为“第一人品，第二学问，第三才情，第四思想”。于是，写意花鸟画从本质上而言，已不仅仅是画而已，而是画中有情，情中有趣，趣中有理，理中有话。既要“三春花鸟犹堪赏”，又要“六朝文章叶下香”。

细品这幅《天滋地养》图，在疏密有间的枝头花间，似乎有一种广东人开放兼容、内敛务实的真实性情踯躅其中，似乎有一种新时代“美好生活”“美丽中国”的无限向往隐约其中，似乎有一种让新思想“开花结果、满园芬芳”的岭南情结饱含其中。而观者能有这种审美体悟，广州画院院长方土是最得意的，因为他道出的创作初衷，就是“用国画的象征手法，用艺术的创新创造，表达一种良好愿望，让习近平新时代中国特色社会主义思想在岭南大地处处落地生根、时时开花结果”。

——选自《人民日报》2018年2月4日发表

珠源峦脉（局部）

珠源靈脉

珠源峦脉（局部）

2018年方土、林于思、宋陆京合作《珠源峦脉》于广州画院大画室创作现场［上］
2018年《珠源峦脉》入选“庆祝改革开放40周年全国美术作品展”，方土广东美术馆现场讲解［下］

珠源峦脉（局部）

珠源峦脉　238cm×1969cm　纸本设色　2018　方土、林于思、宋陆京合作